ANTHROPOLOGIE
IN 30 SEKUNDEN

ANTHROPOLOGIE IN 30 SEKUNDEN

Die 50 wichtigsten Konzepte in der Wissenschaft vom Menschen

Herausgegeben von
Simon Underdown

Mit Beiträgen von
Russell Adams
Sue Black
Brad K. Blitz
Jason Danely
Ken Dark
Jan Freedman
Charlotte Houldcroft
Marta Mirazón Lahr
Michael Bang Petersen
Joshua Pollard
David Shankland
Simon Underdown
Djuke Veldhuis

Illustrationen
Nicky Ackland-Snow

Librero

Titel der Originalausgabe: *30-Second Anthropology*

© 2018 Librero IBP (für die deutsche Ausgabe)
Postbus 72, 5330 AD Kerkdriel, Niederlande

© 2017 Ivy Press Limited

Herausgeber: Susan Kelly
Künstlerische Leitung: Michael Whitehead
Redakteur: Tom Kitch
Gestaltung: Ginny Zeal

Aus dem Englischen von Thomas Guirten
(für iMport/eXport)
Lektorat: Anika Seemann
Satz: iMport/eXport, Emden

Gedruckt und gebunden in China

ISBN 978-94-6359-069-3

Alle Rechte vorbehalten. Kein Teil dieses Werkes
darf in irgendeiner Form (durch Fotografie,
Mikrofilm oder ein anderes Verfahren) ohne
schriftliche Genehmigung des Verlages
reproduziert oder unter Verwendung
elektronischer Systeme verarbeitet, vervielfältigt
oder verbreitet werden.

INHALT

6 Einführung

10 Evolution
12 GLOSSAR
14 Hominini
16 Entwicklung des Gehirns
18 Werkzeuge
20 Feuer
22 Neandertaler
24 *Homo sapiens*
26 **Profil: Richard Leakey**
28 Alte DNA

30 Die Art Mensch
32 GLOSSAR
34 Rasse
36 Variation
38 Ausbreitung und Verteilung
40 **Profil: Margaret Mead**
42 Ist jeder indigen?
44 Afrika
46 Asien
48 Europa
50 Nord- und Südamerika
52 Australasien

54 Materialien
56 GLOSSAR
58 Lehm
60 **Profil: Franz Boas**
62 Metallbearbeitung der Bronzezeit
64 Industrie und Bergbau
66 Handwerk
68 Entdeckungen

70 Sozialisation und Kommunikation
72 GLOSSAR
74 Domestizierung
76 Niederlassungen
78 **Profil: Bronislaw Malinowski**
80 Linguistik
82 Sprache
84 Symbole
86 Ritual und Zeremonie
88 Der Tod
90 Kunst und Artefakte
92 Warum kümmern wir uns?

94 Migration
96 GLOSSAR
98 Navigation
100 Handel
102 **Profil: Clifford Geertz**
104 Grenzen
106 Wirtschaftsmigranten
108 Flüchtlinge

110 Ideen
112 GLOSSAR
114 Glauben und Religion
116 Identität
118 Politik
120 **Profil: Claude Lévi-Strauss**
122 Hierarchie und Führung
124 Verwandtschaft
126 Die Dunbar-Zahl
128 Gender

130 Moderne Völker
132 GLOSSAR
134 Ethnizität
136 Krieg und Aggression
138 Künstliche Intelligenz (KI)
140 Ethik
142 Gentechnik
144 **Profil: Paul Farmer**
146 Das Zeitalter des Menschen
148 Globalisierung
150 Forensische Anthropologie

152 Anhänge
154 Quellen
156 Zu den Mitarbeitern
158 Index
160 Danksagung

EINFÜHRUNG
Simon Underdown

Die Anthropologie erforscht die komplexeste und widersprüchlichste Art auf unserem Planeten: den Menschen. Der Mensch ist nicht einfach zu verstehen und schon gar nicht zu erklären. Theoretisch betrachtet sind wir ein relativ nackter Affe mit ziemlich großem Gehirn, der auf eine merkwürdige Weise auf zwei Beinen geht. Durch die Fähigkeit Werkzeuge zu benutzen, hat unsere Art sich aber durchsetzen können und die Welt erobert. Vor ungefähr zwei Millionen Jahren sahen unsere Vorfahren bereits modernen Menschen ähnlich und zeigten erstes menschliches Verhalten. Ab diesem Zeitpunkt wuchsen auch unsere Fähigkeiten unsere Umwelt zu beeinflussen auf schwindelerregende Dimensionen an.

98% unserer DNA stimmen mit der von Schimpansen überein, aber durch unsere Intelligenz und Kultur unterscheiden wir uns stark von unseren evolutionären Neffen.

Dieses Buch ist eine Gebrauchsanleitung für die Entwicklung des Menschen. Sie soll dem Leser zeigen, wie wir uns von unseren affenähnlichen Vorfahren zu einer Spezies entwickelt haben, die Raketen zum Mars schicken kann. Wir Menschen sind etwas ganz Besonderes und nehmen in der Geschichte unseres Planeten eine besondere Stellung ein. Unser Gehirn ist das komplexeste Ding im uns bekannten Universum und die Komplexität und Raffinesse unseres Denkens sind unerreicht. Wenn wir unser Verhalten mit dem anderer Primaten vergleichen, sind die Unterschiede aber vielleicht geringer als wir glauben. Schimpansen und viele andere Primaten verwenden auch Werkzeuge und beweisen damit einen hohen Grad an Intelligenz. Trotzdem bleibt der Unterschied zu menschlichen Fähigkeiten und Leistungen enorm. Menschen kommen heute auf allen Kontinenten vor und haben parallel zu ihren Technologien eine staunenswerte Vielfalt von Religionen und Kulturen entwickelt, wobei andere Primaten weit zurückbleiben. Die Anthropologie will dies erklären: eine der schwierigsten Fragen der Wissenschaft überhaupt.

Was verbirgt sich hinter dem Namen?

Die Anthropologie lässt sich in zwei Subdisziplinen unterteilen: soziale Anthropologie und biologische Anthropologie. Die soziale Anthropologie erforscht die Diversität der unterschiedlichen Gesellschaften und Kulturen und ist eine selbstständige Disziplin mit eigenen Methoden. Die biologische Anthropologie überschreitet die Grenzen zwischen den traditionellen akademischen Disziplinen und verwendet Methoden zum Beispiel aus der Genetik, Physik und Archäologie, um die Evolution des Menschen zu untersuchen. Dabei geht es ihr vor allem um die Interaktion zwischen Biologie und Kultur. Außerhalb der Wissenschaft ist die Anthropologie nicht besonders bekannt oder populär, sie ist nicht gut in PR. Anthropologie wird meist immer noch mit Bildern von Männern mit Schutzhelmen in exotischer Umgebung assoziiert. Anthropologische Forschung wird aber auch heute noch intensiv betrieben, sowohl an der Universität als auch im Feld, und nicht immer unter dem Namen Anthropologie. Den griechischen Historiker Herodot (5. Jhd. vor Chr.) könnte man durch seine manchmal fiktionalen, aber trotzdem anthropologisch orientieren Berichte über fremde Völker als ersten Anthropologen betrachten. Die Wurzeln der Anthropologie als akademische Disziplin wurden im 19 Jahrhundert gelegt, als die Ethnographen die Völker in den sich ausdehnenden europäischen Weltreichen zu studieren begannen. In ihren Untersuchungen lag der Fokus auf der Bestätigung europäischer Überlegenheit. Solche Theorien sind längst überholt. Der modernen Anthropologie geht es um die Erforschung der Vielfalt menschlicher Kulturen und unseres gemeinsamen evolutionären Erbes.

Herodots Schriften hatten bereits eine anthropologischen Ansatz: Er beschrieb Variationen und gemeinsame Eigenschaften.

Aufbau dieses Buches

Dieses Buch präsentiert 50 der bekanntesten Ideen und Konzepte der Anthropologie aus diesem Jahrhundert. Jeder Abschnitt ist in drei Teile gegliedert: Die *Anthropologie in 30 Sekunden* beschreibt ein wichtiges Konzept, anschließend wird dieses in 3 Minuten in einem weiteren Kontext näher erörtert, sowie die Essenz des Konzepts in einem 3-Sekunden-Satz zusammengefasst.

Das Buch ist in sieben Kapitel gegliedert, die einen Überblick darüber bieten, wie wir zu Menschen geworden sind und was Mensch sein bedeutet. **Evolution** erforscht die Evolutionsgeschichte des Menschen und schafft einen Kontext zum Verständnis der modernen Biologie, Kulturen und Diversität. Im Kapitel **Die Art Mensch** wird die Theorie verschiedener menschlicher „Rassen" widerlegt und wird erklärt, wie wir die Vielfalt und menschliche Diversität in der modernen Welt verstehen können. **Materialien** untersucht, wie wir unsere Umwelt durch Kultur und Technologie gestalten und verändern. **Sozialisation und Kommunikation** zeigt die komplexe Art, in der sich Menschen in Gruppen organisieren und verbal und non verbal miteinander kommunizieren. Der Mensch ist eine der am weitesten verbreiteten Arten auf dem Planeten. In **Migration** legen wir dar, wie Menschen den Planeten besiedelt haben und wie moderne Migrationsbewegungen unsere Auffassungen über Identität beeinflussen. **Ideen** liegen unseren Kulturen und der menschlichen Beeinflussung unseres Planeten zu Grunde. In diesem Kapitel wird analysiert, wie bestimmte Denkstrukturen uns geformt haben. In unserem letzten Kapitel **Moderne Völker** betrachten wir, wie wir als Art mit den Herausforderungen umgehen, die während unserer gemeinsamen Reise ins 21. Jahrhundert entstanden sind.

Das Buch hat nicht den Anspruch, auf alle Aspekte und Forschungsbereiche der Anthropologie einzugehen, das ergäbe eine sehr anstrengende Lektüre. Wir wollen vielmehr reflektieren, was unsere Evolution und die Entwicklung zum Menschen beeinflusst hat und wie wir unseren Platz in einer dynamischen und instabilen Welt neu definieren können.

Zur Vereinfachung ihres Lebens macht jede menschliche Generation wieder neue raffiniertere Erfindungen, aufbauend auf denen der vorigen.

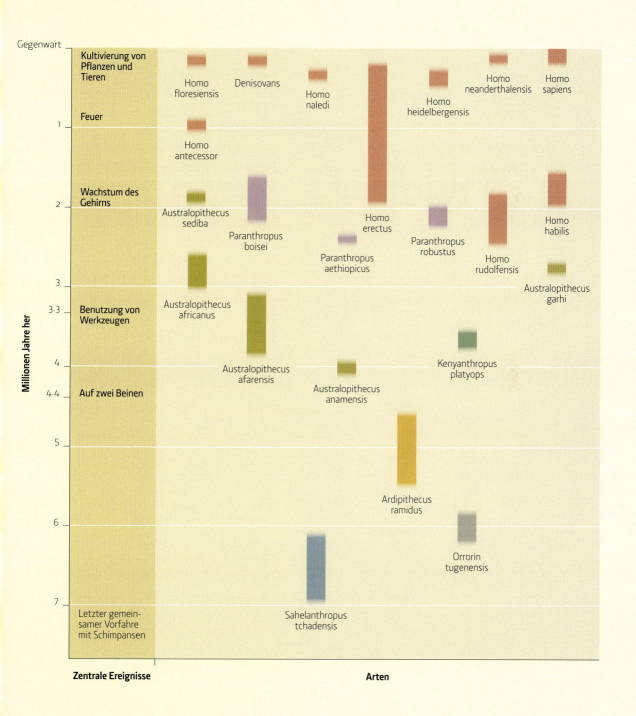

EVOLUTION

EVOLUTION
GLOSSAR

Australopithecus Homonini-Art, die sich vor ungefähr 4 Millionen Jahren in Ostafrika entwickelte. Sie breitete sich bis nach Südafrika aus, bevor sie vor ungefähr 4 Millionen Jahren ausstarb. Bis jetzt wurden sechs Arten gefunden. Ihre genaue Beziehung zum Genus Homo ist unter Anthropologen heftig umstritten.

Broca-Areal Gehirnbereich, benannt nach dem französischen Anatomen Paul Broca, der als erster dieses Gebiet mit Sprache in Verbindung brachte. Das Broca- Areal ist Teil des Frontalllappens und wird mit bestimmten Aspekten der Sprachproduktion in Verbindung gebracht.

Denisova-Mensch Menschenart im Altai-Gebirge in Sibirien. Da bis jetzt nur Fragmente von Fossilien gefunden wurden, wurde die Art ausschließlich aus alter DNA beschrieben, was ergab, dass der Denisova sich sowohl mit uns als auch den Neandertalern kreuzte.

DNA Desoxyribonukleinsäure bildet eine kettenartige Struktur in den Chromosomen praktisch aller Lebewesen (abgesehen von einigen Viren). Sie ist das wichtigste genetische Material eines Organismus und kontrolliert die Entstehung von Proteinen, die erbliche Eigenschaften weitergeben und als Bauanleitung für Entwicklung dienen.

DNA-Kette Die DNA ist in einer kettenartigen Struktur als Doppel-Helix angeordnet. Dieses Modell wurde von James Watson und Francis Crick 1953 entwickelt. DNA-Ketten (sogenannte Polinukleotide) werden durch Wasserstoffbindungen miteinander verbunden.

Genom Das gesamte genetische Material eines einzelnen Organismus.

Genus (Pl. Genera) Eng verwandte Gruppe von Arten. Genera und Arten sind Teil der binominalen Nomenklatur von Linné.

Handaxt aus dem Acheuléen Diese Steinwerkzeuge wurden vor ca. 1,8 Millionen Jahren in Afrika benutzt. Typisch ist die Bearbeitung auf beiden Seiten und die Tropfenform.

Handaxt von Hoxne Im Jahre 1797 fand der britische Antiquar John Frere diese Axt, deren Alter auf ca. 400.000 Jahre bestimmt wurde, in Hoxne in Suffolk.

Homo erectus Dieser erste „menschliche" Hominin entwickelte sich vor ca. 2 Millionen Jahren in Ostafrika und breitete sich bis nach Asien und Europa aus.

Homo sapiens Der Name unserer eigenen Art, er bedeutet „weiser Mann". Die Vorfahren aller heutigen Menschen lebten vor 200.000 Jahren in Ostafrika.

Linnesche Systematik 1735 veröffentlichte der schwedische Botaniker Carl Linné seine berühmte Systematik. Sie bildet noch immer die Grundlage der Taxonomie, also des Regelsystems, nach denen Organismen in Reiche, Stämme, Klassen, Ordnungen, Familien, Gattungen und Arten eingeteilt werden.

Lomekwien Die ältesten Steinwerkzeuge, gefunden bei Lomekwi in Kenia. Ihr Alter wird auf 3,3 Millionen Jahre datiert.

Menschenaffen Als Hominiden bilden sie eine Familie in der Nomenklatur von Linné. Zu dieser Familie gehören auch Menschen, Schimpansen, Bonobos, Gorillas und Orang-Utans.

Mitochondriale Eva Der jüngste gemeinsame weibliche Vorfahre aller Menschen. Die mitochondriale DNA wird nur über die Mutter vererbt, und „Eva" ist der Ursprung dieser Linie. Damit ist nicht gemeint, dass Eva damals die einzige Frau war, sie repräsentiert die einzige überlebende weibliche Linie. Die mitochondriale DNA von Frauen ohne Kinder stirbt aus.

Mousterién-Werzeuge Diese Steinwerkzeuge werden mit den Neandertalern in Verbindung gebracht. Sie wurden überall in Europa gefunden und sind 160.000 bis 40.000 Jahre alt.

Omo 1 Name des frühesten bekannten Fossils eines *Homo sapiens*. Es wurde 1967 im Omo-Tal in Äthiopien gefunden.

Ordnung der Primaten Eine Stufe der Linneschen Taxonomie, die alle (lebenden und ausgestorbenen) Hominini umfasst: Menschenaffen, Halbaffen, Tarsier, Lemuren und Loris.

Paläoanthropologie Anthropologische Disziplin, die menschliche Fossilien erforscht.

Phänotyp (phänotypisch)/Genotyp (genotypisch) Die äußere Erscheinung eines Organismus, sie ist Resultat der Wechselwirkung zwischen dem Genotyp (der Teil der Gene, die die Entwicklung des Organismus kontrolliert) und seiner Interaktion mit der Umwelt.

Sahelanthropus tchadensis Ältester bekannter Hominin, 2001-2002 in Chad ausgegraben, Alter 7 Millionen Jahre.

Spitzenprädator Organismus an der Spitze der Nahrungsmittelkette ohne eigene Feinde. Der Mensch wurde vor etwa 2 Millionen Jahren zum Spitzenprädator.

HOMININI
30-Sekunden-Anthropologie

Die Hominini sind unsere fernen

Vorfahren. Genauer gesagt bilden sie eine Unterfamilie der Ordnung der Primaten in der Linneschen Systematik, die sowohl die modernen Menschen als auch unsere evolutionären Vorfahren umfasst. Man kennt heute sieben Gattungen und 15 bis 30 Arten. Die Unsicherheit bezüglich der Anzahl der Arten entsteht dadurch, dass die Gliederung der Arten davon abhängig ist, ob die anatomischen Unterschiede als intern oder extern interpretiert werden. Bei externen Unterschieden spricht man von einer anderen Art. Obwohl heute die DNA-Analyse helfen kann, ist man bei mehr als 100.000 Jahre alten Artefakten weiterhin von Strukturen in stark fragmentierten Fossilien abhängig. Die Entwicklung der Hominini dauerte 7 Millionen Jahre, wobei unsere Vorfahren in den ersten 5 Millionen Jahren (vom *Sahelanthropus tchadensis* vor 7 Millionen Jahren bis zu den *Australopithecus*-Arten vor 5 Millionen Jahren) in unseren Augen wohl eher wie etwas merkwürdig aussehende Affen ausgesehen haben und im entferntesten noch kein menschliches Erscheinungsbild hatten. Den Zeitraum von 7 bis 5 Millionen Jahren kann man als „Evolution der Hominini" bezeichnen. Erst seit 2 Millionen Jahren tauchen menschenähnliche Hominini auf, die trotz ihres unterschiedlichen Aussehens bereits gewisse Fähigkeiten, Verhaltensweisen und Gene mit uns gemeinsam haben.

3-SEKUNDEN-URSPRUNG
Von den sieben bekannten Gattungen Hominini hat nur eine bis heute überlebt, die Gattung Homo. Von den acht bis zehn dazugehörigen Arten überlebte ebenfalls nur eine: *Homo sapiens*.

3-MINUTEN-INFO
Die Hominini wurden früher als Hominiden bezeichnet. Damit wollte man sie von den übrigen afrikanischen Menschenaffen trennen, die neu eingeteilt wurden, um die enge evolutionäre Verwandtschaft unter den Menschenaffen adäquat wiederzugeben. Die Familiengruppe „Hominiden" umfasst jetzt alle Menschenaffen und nicht nur die Arten der menschlichen Abstammungslinie. Die neu geschaffene Unterfamilie Hominini (mit den dazugehörigen Unterfamilien Schimpansen und Gorillas) enthält alle Arten in der menschlichen Abstammungslinie.

VERWANDTE THEMEN
Siehe auch
NEANDERTALER
Seite 22

HOMO SAPIENS
Seite 24

ALTE DNA
Seite 28

3-SEKUNDEN-BIOGRAFIE
EUGÈNE DUBOIS
1858–1940
Niederländischer Paläoanthropologe und Geologe. Die von ihm ausgegrabenen Fossilien nannte er *Pithecantropus erectus*, heute *Homo Erectus*.

RAYMOND DART
1893–1988
Australischer Anthropologe. Während seiner Pionierarbeiten in Südafrika entdeckte er das erste Fossil des *Australopithecus africanus*.

30-SEKUNDEN-TEXT
Simon Underdown

Heute sind wir die einzig überlebende Homini-ni-Art, aber noch vor 250.000 Jahren waren mindestens fünf andere Arten Hominini über die ganze Welt verbreitet.

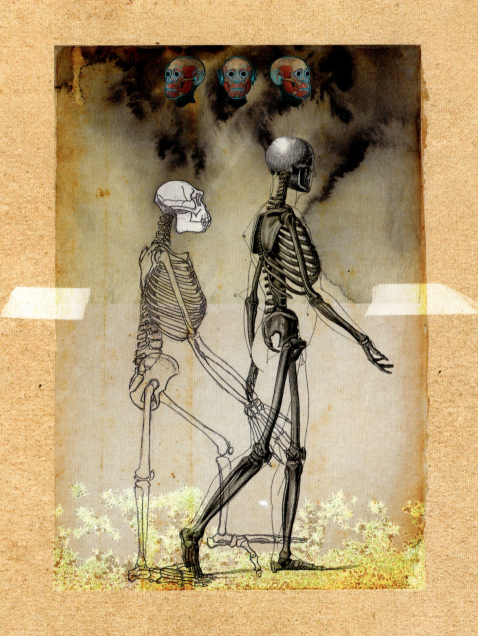

DIE ENTWICKLUNG DES GEHIRNS
30-Sekunden-Anthropologie

Das menschliche Gehirn ist

wahrscheinlich das erstaunlichste Organ, das sich je entwickelt hat. Dank unseres Gehirns können wir über abstrakte Texte reflektieren, Gedanken in Realität umsetzen und komplexe Ideen über Generationen hinweg kommunizieren. Obwohl das Gehirn bei allen Primaten die gleiche Struktur hat, fällt das menschliche Gehirn durch seine Größe auf: Es ist viel größer, als man es bei einem Primaten unserer Körpergröße erwarten würde. So wurde das menschliche Gehirn zum Motor unserer kulturellen Evolution. Das Gehirn der ersten Hominini war mit dem von Schimpansen vergleichbar, etwa 450 cm³ groß. Vor ungefähr 2 Millionen Jahren begann das Gehirn unserer Vorfahren fast exponentiell zu wachsen. Dieses Wachstum begann beim *Homo erectus* und erreichte seine Größe von 1250 cm³ beim modernen Menschen. Die genaue Ursache für dieses Wachstum ist noch unbekannt, aber die Benutzung von Steinwerkzeugen spielte hier sicherlich eine wichtige Rolle. Fleischliche Nahrung regte das Gehirnwachstum an, das für die Zusammenarbeit in größeren Gruppen notwendig war. Größere Gehirne ermöglichten außerdem die Entstehung von komplexen Sprachen und komplexen Lösungen biologischer Probleme. Unser heutiges Gehirn unterscheidet sich nicht von dem des ersten *Homo sapiens*, der einzige Unterschied besteht in unseren technischen Errungenschaften, die von jeder Generation – auf der der vorigen aufbauend – weiter entwickelt wurde.

3-SEKUNDEN-URSPRUNG
Das menschliche Gehirn kann unglaublich komplexe Prozesse durchführen und benötigt dafür 20% der Kalorien, die wir täglich zu uns nehmen, mehr als jedes andere Organ braucht.

3-MINUTEN-INFO
Das Gehirn von Primaten verdoppelt seine Größe zwischen Geburt und Erwachsensein, bei Menschen verdreifacht es sich sogar. Der enge Geburtskanal wird durch unseren aufrechten Gang verursacht. Der Zeitraum des postnatalen Gehirnwachstums wird viertes Trimester genannt. Während dieser Zeit entwickelt sich durch die Bildung zusätzlicher Neuronenverbindungen unsere Intelligenz.

VERWANDTE THEMEN
Siehe auch
WERKZEUGE
Seite 18

NEANDERTALER
Seite 22

HOMO SAPIENS
Seite 24

3-SEKUNDEN-BIOGRAFIE
GALEN AUS PERGAMON
129–ca. 200/216 n. Chr.
Dieser griechische Physiker bewies als erster, dass die Muskeln vom Gehirn über das Nervensystem angesteuert werden.

PAUL BROCA
1824–1880
Dieser französischer Physiker und Anthropologe entdeckte, dass ein bestimmter Gehirnbereich die Spracherzeugung regelt: heute Broca-Areal.

30-SEKUNDEN-TEXT
Simon Underdown

Das menschliche Gehirn ist fast dreimal so groß wie das eines Schimpansen und ermöglicht komplexe Denkprozesse.

WERKZEUGE
30-Sekunden-Anthropologie

Obwohl wir Menschen nicht die

einzige Art sind, die Werkzeuge verwendet, sind wir wohl die einzige Art, die für ihr Überleben von Werkzeugen abhängig ist. Die ältesten bekannten Steinwerkzeuge sind 3,3 Millionen Jahre alt. Man ist sich fast sicher, dass vor dieser Zeit bereits Werkzeuge aus Holz oder Knochen verwendet wurden, aber sie haben sich nicht erhalten. Die ältesten Werkzeuge sind große Steinbrocken, von denen Schichten abgeschlagen wurden, so dass sie als Hammer zum Zerschlagen von Knochen verwendet werden konnten. Die abgeschlagenen Teile benutzte man als Schneideflächen für Holz oder Pflanzenmaterial. Die Steinwerkzeuge wurden allmählich immer raffinierter, und ab 1,8 Millionen Jahren wurde die tropfenförmige Handaxt aus dem Acheuléen zur wichtigsten Technik, die die Hominini von Afrika aus verbreiteten. Die Neandertaler stellten Werkzeuge her, die sogenannten Mousterién, wobei ausgehend von einem Basismodell unterschiedliche Werkzeuge zum Schneiden oder Zusammennähen von Leder oder als Speerspitze hergestellt wurden. Der frühere Homo sapiens dagegen nutzte die Technik des Spaltens um seine vielfältigen Werkzeuge herzustellen. Die Verwendung von Werkzeugen ermöglichte die Besiedlung neuer Gebiete und die Anpassung an neue Umweltbedingungen. Inzwischen können wir ohne Werkzeuge nicht mehr überleben.

3-SEKUNDEN-URSPRUNG
Die ältesten Steinwerkzeuge wurden von einer unbekannten Art Hominini vor ca. 3,3 Millionen Jahren bei Lomekwi im heutigen Kenia hergestellt.

3-MINUTEN-INFO
Die Verwendung von Werkzeugen ist keine exklusive Errungenschaft des Menschen, sondern kommt bei vielen Säugetierarten und Vögeln vor. Der Unterschied ist allerdings der, dass wir mittels Werkzeugen unsere Umwelt gestalten. Das erste Steinwerkzeug wurde vor 3,3 Millionen zum Aufbrechen von Knochen verwendet, damit das nahrhafte Knochenmark gegessen werden konnte. Dies war der Beginn, der dazu führte, dass heute Nahrung in Flugzeugen rund um die Erde transportiert wird.

VERWANDTE THEMEN
Siehe auch
HOMININI
Seite 14

NEANDERTALER
Seite 22

HOMO SAPIENS
Seite 24

3-SEKUNDEN-BIOGRAFIE
JOHN FRERE
1740–1807
Englischer Antiquitätenhändler. Als einer der ersten benutze er den Begriff Altsteinzeit zur Einordnung von Steinwerkzeugen. Frere führte bahnbrechende Untersuchungen in Hoxne, Suffolk (England) durch.

SIR JOSEPH PRESTWICH
1812–1896
Englischer Geologe. Seine Forschungen zum Tertiär ermöglichten es, das Alter von Steinwerkzeugen aus Gräbern in Saint-Acheul (Frankreich) zu bestimmen.

30-SEKUNDEN-TEXT
Simon Underdown

Von Steinzeitäxten bis hin zu Flugzeugen haben Werkzeuge bei der Entwicklung eine wichtige Rolle gespielt.

FEUER
30-Sekunden-Anthropologie

Wir Menschen haben eine sehr

besondere Beziehung zum Feuer, denn in fast allen menschlichen Kulturen versammeln sich Menschen um ein Feuer. Die Rolle der Küche als zentraler Ort im Haus geht wohl auf die Funktion der ersten Lagerfeuer vor Hunderttausenden von Jahren zurück. Die erste Verwendung van Feuer kann kaum nachgewiesen werden, weil es oft nicht möglich ist, zwischen natürlichem und von Menschen kontrolliertem Feuer zu unterscheiden. Der erste eindeutige Hinweis auf den Gebrauch von Feuer ist 1 Million Jahre alt, aber andere Spuren gehen bis zu 1,4 Millionen Jahre zurück. Der erste Hominin, der bewusst Feuer verwendete, war der *Homo Erectus*. Er war auch die erste Art, die das Attribut „Mensch" erhielt. Die Verwendung von Feuer ist ein beeindruckendes Beispiel dafür, wie der Mensch kulturelle Errungenschaften zur Lösung biologischer Probleme nutzte. Nahrung konnte jetzt gekocht werden und wurde dadurch vielfältiger und nahrhafter. Feuer diente als Lichtquelle und Schutz gegen Raubtiere. Seine soziale Bedeutung verstärkte gegenseitige Beziehungen und regte damit soziale Entwicklung an. Außerdem ermöglichte seine Helligkeit, dass unsere Vorfahren mehr Zeit auf die Herstellung von Werkzeugen verwenden konnten. All dies verstärkte unsere Position als Spitzenprädator bei der Eroberung neuer Lebensräume.

3-SEKUNDEN-URSPRUNG
Als Licht- und Wärmequelle und Mittelpunkt sozialer Aktivitäten nimmt Feuer eine zentrale Stellung in der Entwicklung des Menschen ein.

3-MINUTEN-INFO
Die Verwendung von Feuer ermöglichte es, bisher nicht essbare Produkte zu essen, wie harte und faserige Wurzeln. Das Kochen von Nahrung erhöht den Nährwert erheblich und tötet gefährliche Parasiten und Bakterien. Das Feuer war außerdem ein zentraler Versammlungsort. In Neandertaler-Höhlen fand man einen zentralen Herd, der, wie aus den archäologischen Spuren hervorgeht, Mittelpunkt zahlreicher Aktivitäten war.

VERWANDTE THEMEN
Siehe auch
HOMININI
Seite 14

NEANDERTALER
Seite 22

HOMO SAPIENS
Seite 24

3-SEKUNDEN-BIOGRAFIE
HOMO ERECTUS
Vor 2 Millionen Jahren
Erster Hominin, der kontrolliert Feuer benutzen konnte. 1 Million Jahre alte Spuren in der Wonderwerk-Höhle in Südafrika zeigen bereits die kontrollierte Verwendung des Feuers.

HOMO HEIDELBERGENSIS
Vor 500.000 Jahren
Der letzte gemeinsame Vorfahre von Homo sapiens und Neandertaler lebte vor ca. 500.000 Jahren in Europa und Afrika und verwendete Feuer u.a. zum Härten von hölzernen Speerspitzen.

30-SEKUNDEN-TEXT
Simon Underdown

Dank Wärme, Licht und Schutz des Feuers konnten die Menschen die Welt ihren Bedürfnissen anpassen.

DIE NEANDERTALER
30-Sekunden-Anthropologie

Die Neandertaler nehmen in der menschlichen Entwicklung einen besonderen Platz ein. Sie wurden 1859 zum ersten Mal beschrieben und galten jahrzehntelang als primitive Höhlenmenschen. Das karikaturale Bild vom muskelbepackten Dummkopf ist jedoch auf eine fehlerhafte Untersuchung eines Fossils im 19. Jahrhundert zurückzuführen. In jüngster Zeit haben die Neandertaler in archäologischer und genetischer Hinsicht eine wahre Renaissance erlebt. Wie die Analyse ihrer alten DNA zeigt, kreuzten sie sich mehrere Male mit *Homo sapiens* und mit dem noch wenig bekannten Denisova-Menschen aus dem Altaigebirge in Sibirien. Genealogische Forschung brachte gemeinsame und unterschiedliche Gene ans Licht. Inzwischen ist belegt, dass die Neandertaler in Gruppen von 30 bis 40 Menschen in Eurasien lebten, Kleider trugen, Feuer benutzten, sich um Kranke kümmerten und sich zum Schmuck mit farbigen Pigmenten einrieben. Ihr Gehirn war ca. 10 % größer und ihre Körperform etwas anders als die des *Homo sapiens*. Obwohl ihr Gesicht mehr herausragte, zeigen genaue Rekonstruktionen dennoch ein sehr „menschliches" Antlitz. Ihre Werkzeugherstellung und Jagdtechnik, ihre Eingriffe in ihre natürliche Umgebung und ihr Gesicht weisen auf eine hoch entwickelte Menschenart hin, die eine komplexe Sprache benutzt haben könnte und vielleicht schon viele unserer Gedanken und Gefühle teilte.

3-SEKUNDEN-URSPRUNG
Alle Menschen außerhalb Afrikas haben 1 bis 4% Neandertaler-DNA in den Genen. Obwohl die Neandertaler phänotypisch ausgestorben sind, existieren sie also genotypisch in uns weiter.

3-MINUTEN-INFO
Viele als besonders menschlich geltende Verhaltensweisen finden wir bereits bei den Neandertalern, weit vor unserer Zeit. Archäologische Spuren zeigen, dass Neandertaler ihre Toten bestatteten, Schmuck herstellten und tief in Höhlen Bauwerke errichteten. Die Analyse alter DNA zeigt, dass wir uns mit Neandertalern gekreuzt und nützliche Gene ausgetauscht haben, vor allem was Widerstand gegen Krankheiten angeht. Die Unterschiede zwischen uns sind kaum erkennbar und wir sollten die Neandertaler also als menschliche Art anerkennen.

VERWANDTE THEMEN
Siehe auch
HOMININI
Seite 14

HOMO SAPIENS
Seite 24

ALTE DNA
Seite 28

3-SEKUNDEN-BIOGRAFIE
JOHANN KARL FUHLROTT
1803–1877
Deutscher Naturforscher, der bewies, dass die 1856 im Neandertal gefundenen Knochen zu einer besonderen frühen Menschenart gehörten.

MARCELLIN BOULE
1861–1942
Französische Archäologin. Veröffentlichte 1920 die erste Beschreibung eines kompletten Neandertaler Skeletts in *Les hommes fossiles – Éléments de paléontologie humaine.*

30-SEKUNDEN-TEXT
Simon Underdown

Die Neandertaler gelten heute nicht mehr als dumme Kraftprotze, sondern werden als hoch entwickelte Art anerkannt.

HOMO SAPIENS
30-Sekunden-Anthropologie

Der *Homo sapiens* ist eine der erfolgreichsten Tierarten aller Zeiten. Menschen sind die letzte verbliebene Art der Hominini und haben als einziges Mitglied der Gattung Homo den gesamten Planeten besiedelt. Aus Fossiluntersuchungen ergibt sich, dass unsere direkten Vorfahren vor ca. 200.000 Jahren in Ostafrika lebten. Sie verließen etwa 100.000 Jahre später das afrikanische Heimatland und kreuzten sich mehrere Male mit Neandertalern in Asien und Europa, sowie mit den Denisova-Menschen in Sibirien. Immer wieder wird die Überlegenheit gegenüber unseren steinzeitlichen Cousins, den Neandertalern herausgestellt. Unser Überleben und ihr Aussterben sind jedoch eher dem Zufall zu verdanken als genetischer Superiorität. Grundlage unseres Erfolgs ist unser extrem großes, bei der Geburt noch nicht voll entwickeltes Gehirn, dessen postnatales Wachstums mit der Fähigkeit einhergeht, kognitive Prozesse festzuhalten: zunächst als Sprache, dann als Schrift und jetzt im Internet. Menschen brauchen nicht mehr alles im Gedächtnis zu behalten, weil sie Informationen extern speichern und gemeinsam nutzen und abrufen können. So wie wir uns früher mit Steinwerkzeugen in unserer Umwelt behaupten konnten, so verwenden wir jetzt externe Wissensspeicher, um unseren erfolgreichen Weg fortzusetzen.

3-SEKUNDEN-URSPRUNG
Alle heutigen Menschen stammen von einer kleinen Gruppe ab, die vor ca. 200.000 Jahren in Ostafrika lebte.

3-MINUTEN-INFO
Geht man von einer durchschnittlichen Lebenserwartung von 30 Jahren aus, so trennen uns mehr als 6666 Generationen von den frühesten Mitgliedern unserer Art. Eine Reihe aus je einer Person pro Generation, die sich an den Händen hält, wäre nur etwas mehr als 11 km lang – in etwa die Entfernung vom Hyde Park bis zum Millenium Dome in London oder von der nördlichen Ecke des Central Park bis zum WTC Memorial in New York.

VERWANDTE THEMEN
Siehe auch
HOMININI
Seite 14

NEANDERTALER
Seite 22

ALTE DNA
Seite 28

3-SEKUNDEN-BIOGRAFIE
OMO 1
195.000 Jahre her
Ältestes menschliches Fossil des *Homo sapiens*. Es wurde zwischen 1967 und 1974 von einem Team unter der Leitung von Richard Leakey bei Omo Kibish in Äthiopien ausgegraben.

ÖTZI DER EISMANN
Starb ca. 3239–3105 v.Chr.
Eine natürliche Mumie, die 1991 im Eis der Ötztaler Alpen an der Grenze von Österreich und Italien entdeckt wurde. Wissenschaftler gehen von einem Tod durch Erschöpfung oder Mord aus.

30-SEKUNDEN-TEXT
Simon Underdown

Über Generationen hinweg haben sich die Gene des Homo sapiens *von ihrem Ursprung vor 200.000 Jahre bis heute erhalten.*

19. Dezember 1944
Geboren in Nairobi, Kenia, als zweiter von drei Söhnen von Louis und Mary Leakey.

1968
Wird zum Direktor des Nationalmuseums von Kenia ernannt.

1968
Leitet eine Expedition nach Koobi Fora und findet dort zahlreiche Fossilien von Hominiden.

1989
Wird zum Leiter der Kenya Wildlife Services ernannt und veranstaltet eine aufsehenerregende Verbrennung konfiszierter Elefantenzähne.

1993
Verliert beide Beine unterhalb der Knie durch einen Flugzeugabsturz.

1997
Wird als Mitglied der Safina-Partei ins kenianische Parlament gewählt.

1999
Wird zum Direktor des Öffentlichen Dienstes in Kenia ernannt.

2002
Tritt der Fakultät für Anthropologie an der Stony Brook University in New York bei.

2015
Wird Vorsitzender der Kenya Wildlife Services.

RICHARD LEAKEY

Der Paläoanthropologe

Richard Leakey und seine Frau und Kollegin Meave Leakey sind berühmt wegen ihrer Entdeckung wichtiger Fossilien, die entscheidende Schritte in der Evolution des Homo sapiens dokumentieren. Zu Leakeys Entdeckungen gehören Fossilien jener Affenarten, von denen wir Menschen abstammen. Außerdem entdeckte er Reste echter Hominini, die auf zwei Beinen gingen, sowie erster menschenähnlicher Kreaturen, die komplexere Techniken entwickelten und ein größeres Hirn besaßen.

Richard war der zweite Sohn von Louis und Mary Leakey, beide Pioniere der Anthropologie und Archäologie in Afrika. Mit 16 Jahren brach er seine Schulausbildung ab und arbeitete als Naturforscher, Safariführer, Jäger und Fallensteller, bevor er sich – wie bereits seine Eltern – der Paläoanthropologie zuwandte: der Suche nach den Spuren frühester Menschen und ihrer Evolution. Damit hatte er seinen Weg gefunden. Leakey bewies überragende Fähigkeiten als Leiter wissenschaftlicher Expeditionen, machte zahlreiche wichtige Entdeckungen und inspirierte die anthropologische Forschung. Während einer kurzen Expedition zum Omo-Fluss im südlichen Äthiopien in den späten sechziger Jahren entdeckte er die frühesten bekannten Fossilien des **Homo sapiens**. Weitere Expeditionen führten zur östlichen, später zur westlichen Seite des Turkana-Sees im nördlichen Kenia. Leakeys Entdeckungen trugen Wesentliches zum Wissen über die Entwicklung des Homo sapiens bei.

Leakey steht nicht nur an der Spitze der Paläoanthropologie, sondern hat auch große Verdienste auf anderen Gebieten. Als Direktor der Kenia Wildlife Services (1989 bis 1994) schaffte er es, die Wilderei in Naturparks stark zurückzudrängen. Die von ihm gegründete politische Partei Safina förderte die Entstehung eines Mehrparteien-Systems in Kenia und bekämpft die Korruption im Lande. Kürzlich hat Leakey sich wieder der Paläoanthropologie zugewandt, er gründete das Turkana Basin Institute, eine kenianische Stiftung zur Unterstützung und Fortsetzung der von ihm begonnenen Forschungsarbeiten. 2015 wurde er Vorsitzender der Kenia Wildlife Services und widmete sich erneut dem Schutz der Tierwelt. Außerdem ist er Professor an der Stony Brook University und Mitglied der Royal Society. Richard Leakey ist eine der führenden Forscherpersönlichkeiten der Gegenwart.

Marta Mirazón Lahr

ALTE DNA

30-Sekunden-Anthropologie

Die Analyse alter DNA (aDNA)

ist eine der wichtigsten Entwicklungen in der Anthropologie seit dem Erscheinen von Charles Darwins *On the Origin of Species* (1859). Sie ermöglicht die Analyse von genetischen Codes von Menschen, die vor Tausenden von Jahren gelebt haben und enthüllt Informationen über ihr Leben, die mit Mitteln der traditionellen Archäologie niemals entdeckt worden wären. Die Gewinnung, Extraktion und Analyse von aDNA ist allerdings recht kompliziert. Anders als bei heutigem genetischen Material (zum Beispiel aus Wangenschleim, Haaren, Blut oder Sperma) ist alte DNA meist von schlechter Qualität, so dass die DNA-Ketten viel kürzer sind als bei modernen Proben. Dies liegt daran, dass die DNA eines Organismus nach seinem Tod mehr oder weniger schnell zerfällt, je nach Zeitraum und Temperatur. Je kälter der Standort und je neuer die Proben, umso größer ist die Wahrscheinlichkeit hochwertige aDNA zu gewinnen. Die momentan ältesten Proben menschlicher aDNA, gefunden in einer Höhle in Spanien, sind 400.000 Jahre alt, aber die meisten aDNA-Proben sind wesentlich jünger. aDNA-Analyse erlaubt die Rekonstruktion der Entwicklung von Arten, Wanderbewegungen, sowie die Kreuzung und den Austausch von Genen und Krankheiten bei Menschen und Neandertalern. All diese Analysemöglichkeiten waren früher unbekannt.

3-SEKUNDEN-URSPRUNG
1984 bewies die Gewinnung urzeitlicher DNA aus einem Quagga in einem Museum zum ersten Mal, dass DNA auch nach dem Tod eines Organismus weiter existiert.

3-MINUTEN-INFO
Als urzeitliche DNA bezeichnet man alle DNA-Proben, die aus altem biologischen Material gewonnen werden. Obwohl sie meistens mit archäologischen Knochen und Zähnen in Verbindung gebracht wird, kann sie auch aus mumifiziertem Gewebe, Bodenproben aus Höhlen, Eisproben und vielen anderen Quellen (wie medizinischen Sammlungen) gewonnen werden.

VERWANDTE THEMEN
Siehe auch
NEANDERTALER
Seite 22

HOMO SAPIENS
Seite 24

3-SEKUNDEN-BIOGRAFIE
ALLAN WILSON
1934–1991
Dieser neuseeländische Biochemiker entdeckte die sogenannte „Mitochondriale Eva", den aus Afrika stammenden gemeinsamen weiblichen Vorfahren aller lebenden Menschen.

SVANTE PÄÄBO
1955–
Schwedischer Genetiker, der mit seinem Team zum ersten Mal die Gene der Neandertaler extrahierte und analysierte und ausschließlich anhand der urzeitlichen DNA den Denisova-Menschen entdeckte.

30-SEKUNDEN-TEXT
Simon Underdown

Die urzeitliche DNA bietet uns ein einzigartiges Fenster in die Vergangenheit, das die Archäologie niemals öffnen könnte.

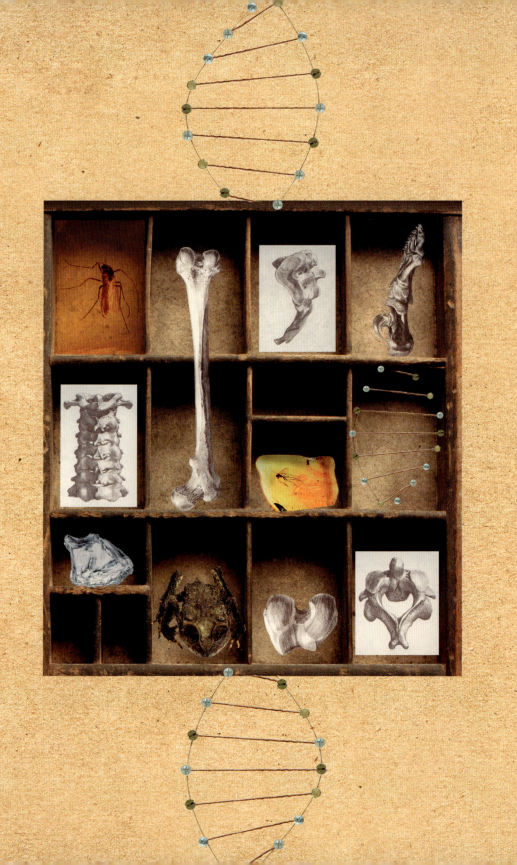

DIE ART MENSCH

DIE ART MENSCH
GLOSSAR

Azteken Zentralmexikanische Kultur aus dem 14. bis 16. Jahrhundert. Vor allem aus archäologischen Funden und den blumigen Berichten spanischer Kolonisten bekannt.

Clovis-Kultur Amerikanische paläoindianische Gruppe zwischen 11.500–11.000 Jahren v. Chr. Sie verdankt ihren Namen den für sie typischen Steinwerkzeugen, die in den zwanziger Jahren zuerst in Clovis, Neumexiko gefunden wurden.

DNA Desoxyribonukleinsäure ist eine kettenartige Struktur in den Chromosomen fast aller lebenden Organismen, abgesehen von einigen Viren. Als primäres genetisches Material kontrolliert sie die Produktion von Proteinen und überträgt vererbte Eigenschaften. Damit ist sie das Basismaterial aller Entwicklung.

Ethnographie Die systematische soziokulturelle Erforschung von Völkern, oft auf der Grundlage schriftlicher Berichte.

Feminismus Weit gespannter Begriff für Theorien und soziale Bewegungen, die sich für gleiche Rechte und Chancen für Frauen einsetzen.

Hominini Unterfamilie in der Linné-Klassifizierung. Sie enthält die Menschen und ihre Vorfahren nach der Trennung vom letzten gemeinsamen Vorfahren mit den Schimpansen vor etwa 7 Millionen Jahren.

Homo Erectus Der erste „menschliche" Hominin erschien vor ca. 2 Millionen Jahren in Ostafrika und verbreitete sich rasch nach Asien und Europa.

Homo sapiens Der Name unserer eigenen Art bedeutet „weiser Mann". Alle jetzt lebenden Menschen können ihre Vorfahren 200.000 Jahre zurück nach Ostafrika verfolgen.

Indigene Völker Dieser Ausdruck wird zur Bezeichnung der frühesten Bewohner eines Gebiets und ihrer Nachfahren benutzt.

Inka Das größte Reich im präkolumbianischen Amerika geht bis ins 13. Jahrhundert zurück. Das Inkareich wurde 1572 von den Spaniern erobert.

Inuit Populationen, die die arktischen Gebiete in Alaska, Kanada und Grönland bewohnen. Die modernen Inuit sind die Nachfahren von Menschen, die diese Gebiete vor ungefähr 5000 Jahren besiedelt haben.

Kapa Haka-Tanz *Kapa haka* sind die traditionellen rituellen Tänze der Maori (wurden besonders bekannt durch das neuseeländische Rugby-Team).

Kultureller Relativismus Theorie der Sozialanthropologie, begründet von Franz Boas. Sie besagt, dass Religionen nur aus ihrem ursprünglichen Kontext heraus verstanden werden können.

Maya Der Begriff Maya-Zivilisation bezieht sich auf verschiedene Kulturen zwischen 2000 v. Chr. und 1697 (Eroberung durch die Spanier). Am bekanntesten ist die Periode zwischen 250–900 n. Chr., in der die Mayas komplexe Städte bauten und der berühmte Maya-Kalender entstand.

Melanin Eine Gruppe von Molekülen, die in der Haut gebildet werden und Farbunterschiede bewirken. Bei Menschen hat es sich vor ca. 2 Millionen Jahren als Schutz gegen UV Strahlung entwickelt.

Neandertaler Eine hochentwickelte Hominini-Art, die vor ca. 250.000–30.000 Jahren in Europa und Asien lebte. Die Neandertaler entwickelten viele komplexe Verhaltensweisen und kreuzten sich mehrere Male mit modernen Menschen. Die Ursache ihres Aussterbens ist eine der faszinierendsten Fragen der menschlichen Evolution.

Out of Africa-Theorie Nach dieser Theorie stammt der Homo sapiens von einem gemeinsamen Vorfahren in Ostafrika vor ca. 200.000 Jahren ab. Seit etwa 100.000 Jahren verbreiteten sich die modernen Menschen allmählich über die ganze Welt, wobei sie alle anderen Hominini, wie Neandertaler, Denisova-Menschen und den kleinen *Homo floriensis* (auch als Hobbit bezeichnet) verdrängten. Die Analyse der urzeitlichen DNA zeigt, dass es zu Kreuzungen kam, so dass sich Spuren dieser früheren Bewohner Asiens und Europas in allen nicht-afrikanischen Menschen nachweisen lassen.

Paläoanthropologie Anthropologische Disziplin, die menschliche Fossilien erforscht.

Vitamin D Wird durch UV-Strahlung in der Haut produziert. Dieses Vitamin bewirkt die Aufnahme von Mineralstoffen durch die inneren Organe, wie Calcium.

RASSE
30-Sekunden-Anthropologie

Immer schon wurden Menschen in Gruppen eingeteilt: nach Familie, Verwandtschaft, Dorf, Stamm, Lebensgebiet, Religion, Nation, aber auch Rasse. Dies widerspiegelt die große kulturelle Diversität, die wir als Menschen geschaffen haben. Allerdings hat der Begriff „Rasse" eine spezifisch biologische Bedeutung. Sie entspricht dem Begriff „Unterart" für genetisch unterschiedliche Gruppen von Organismen innerhalb einer Art. Tatsächlich jedoch verfügen wir Menschen, zum Beispiel im Vergleich zu Schimpansen und Gorillas, über einen relativ niedrigen Grad genetischer Diversität. Dies ist die Folge eines dramatischen Populationsrückgangs von ca. 70.000 Jahren, als schätzungsweise nur noch 10.000 Individuen übrigblieben, so dass jetzt kaum genetische Unterschiede zwischen Menschen aus Afrika, Europa oder Asien bestehen. Wählt man rein zufällig zwei beliebige Menschen auf diesem Planeten aus und untersucht ihre DNA, so erweisen sie sich als sehr eng verwandt. Der Verwandtschaftsgrad ist viel höher als man bei einer so weit verbreiteten Art wie dem Menschen vermuten würde. Die moderne Biologie widerlegt hiermit alle traditionellen Unterscheidungen zwischen „Menschenrassen" anhand von Merkmalen wie etwa Hautfarbe. Natürlich unterscheiden wir uns kulturell voneinander, aber wir tragen alle die gleichen Gene.

3-SEKUNDEN-URSPRUNG
Es gibt keinen biologischen Grund zur Annahme, dass es unterschiedliche menschliche Rassen gibt. Wir alle sind genetisch fast identisch, kulturell allerdings sehr divers.

3-MINUTEN-INFO
Der Begriff „Rasse" ist so kontrovers wie verwirrend. Es ist eine normale menschliche Eigenschaft, Menschen aufgrund äußerer Unterschiede in Gruppen einzuteilen. Wir haben viele Kategorien entwickelt, um zu bestimmen, wo wir hingehören. Im Licht der biologischen Wissenschaft des 21. Jahrhunderts kann die Theorie verschiedener „Menschenrassen" jedoch nicht aufrechterhalten werden.

VERWANDTE THEMEN
Siehe auch
NEANDERTALER
Seite 22

HOMO SAPIENS
Seite 24

ALTE DNA
Seite 28

3-SEKUNDEN-BIOGRAFIE
JOHANN FRIEDRICH BLUMENBACH
1752–1840
Deutscher Physiker und Anthropologe, leitete aus unterschiedlichen Schädelformen fünf menschliche „Rassen" ab.

LOUIS AGASSIZ
1807–1873
Schweizerisch-amerikanischer Biologe, der viele unterschiedliche „Rassen" identifizierte, abgeleitet aus ihrer unterschiedlichen Herkunft. Agassiz' Theorien wurden zur Rechtfertigung der Sklaverei in den südamerikanischen Südstaaten benutzt.

30-SEKUNDEN-TEXT
Simon Underdown

Es gibt keine menschlichen „Rassen", wir alle gehören der gleichen Art an und weisen kaum genetische Unterschiede auf.

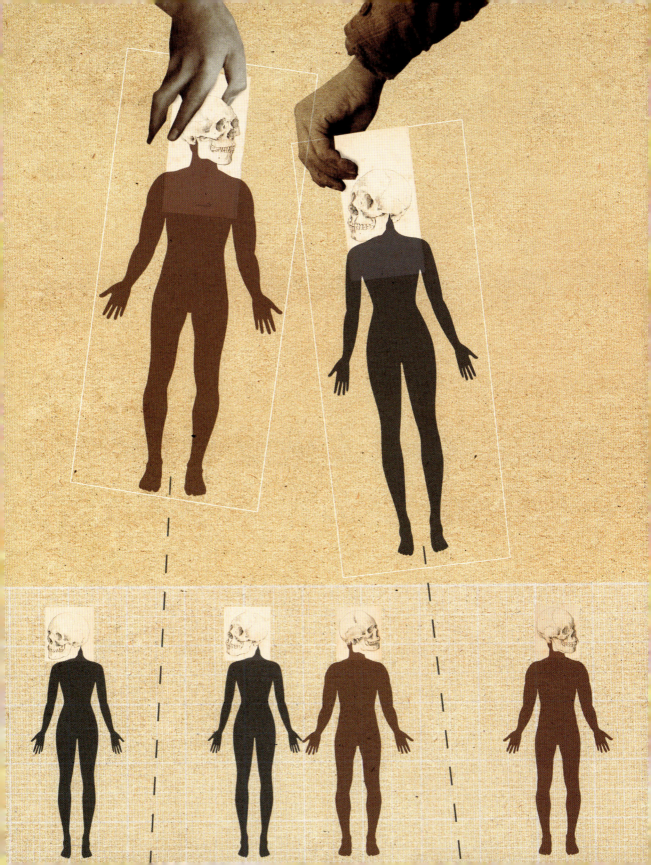

VARIATION
30-Sekunden-Anthropologie

Sobald wir uns umschauen,

sehen wir, wie unterschiedlich wir sind. Augenfarbe, Haare, Hautfarbe, Größe, Gewicht, Nase, soziales Verhalten usw. können sich enorm unterscheiden. Unsere Art besteht aus Tausenden von Populationen mit einer je eigenen Kultur, Sprache und eigenen physischen Anpassungen an die Umwelt. In der relativ kurzen Zeit, seit wir Afrika vor etwa 100.000 Jahren verlassen haben, haben wir uns an jede nur denkbare Umgebung angepasst, vom tropischen Dschungel bis zur eiskalten Antarktis. Dadurch gibt es erstaunliche Variationen zwischen den Populationen. Am deutlichsten sichtbar sind die unterschiedlichen Hautfarben. Menschen, die in einer warmen oder tropischen Umgebung leben, haben eine dunkle Hautfarbe (je nach Pigmentanteil Melanin), um die starke UV Strahlung der Sonne abzuwehren. Umgekehrt haben Menschen in kälteren Regionen weniger Melanin, damit der Körper mehr UV-Strahlen absorbieren und mehr Vitamin D herstellen kann. Menschen die in großer Höhe leben, haben sich der kalten sauerstoffarmen Umgebung angepasst und größere Lungen entwickelt, die mehr Sauerstoff absorbieren. Ihr vergrößertes Herz pumpt das Blut effizienter durch den Körper. Die in sehr kalten Gegenden lebenden Inuit essen sehr fetthaltig und damit energiereich, damit sie zusätzliche Fettschichten unter der Haut bilden und in der Kälte überleben können.

3-SEKUNDEN-URSPRUNG
Jeder ist einmalig, jedes Individuum ist unterschiedlich. Es gibt nicht zwei identische Individuen.

3-MINUTEN-INFO
Variationen beschränken sich nicht nur auf unsere biologischen Merkmale. Kultur bildet die Voraussetzung, in einer neuen Umgebung zu überleben. Heute unterscheidet man mehr als 7000 verschiedene Kulturen, aber zahllose sind bereits untergegangen. Die Maori verzieren ihre Gesichter mit komplizierten Mustern, während manche Stämme am Amazonas sich mit Piercings schmücken. Andere Gemeinschaften verehren Tiere als Götter. Wir alle sind eine Art, aber die Vielfalt der Populationen darin ist unglaublich groß.

VERWANDTE THEMEN
Siehe auch
RASSE
Seite 34

IST JEDER INDIGEN?
Seite 42

IDENTITÄT
Seite 116

3-SEKUNDEN-BIOGRAFIE
FRANZ BOAS
1858–1942
Amerikanischer Pionier des kulturellen Relativismus. Nach dieser anthropologischen Theorie lassen sich Kulturen nicht als „besser- oder höherentwickelt" als andere bewerten.

30-SEKUNDEN-TEXT
Jan Freedman

Variationen dienen seit Tausenden von Jahren als Grundlage zur Unterscheidung von Menschen. Obwohl wir genetisch kaum Unterschiede aufweisen, haben wir eine enorme Vielfalt an Kulturen hervorgebracht.

AUSBREITUNG UND VERTEILUNG

30-Sekunden-Anthropologie

Im Vergleich zu anderen Arten

haben die Menschen sich sehr erfolgreich über den ganzen Globus verbreitet. Paläoanthropologen verwenden Umgebungsspuren (Fossilien, Werkzeuge und andere Artefakte) und genetische Hinweise (wie die DNA aus modernen oder alten Populationen) um die Wanderungen der Hominini zu erforschen. So wissen wir zum Beispiel, dass Europäer und Asiaten durch Kreuzungen 1 bis 4 % Neandertaler-DNA mit sich tragen. Populationen in Afrika haben kein oder nur sehr wenig Neandertaler-DNA, weil ihre Vorfahren nicht durch Eurasien gewandert sind. Welche Hominini wann wohin gewandert sind und wie viele verschiedene Arten *Homo* es eigentlich gibt, wird immer noch kontrovers diskutiert. Laut den „Out of Africa" Theorien existierten verschiedene Arten *Homo* Hunderttausende Jahre lang nebeneinander, aber nur unsere Art, die von einer kleinen Gruppe in Ostafrika vor 150.000–200.000 Jahren abstammt, hat überlebt. Diese Theorie wird dadurch gestützt, dass Afrikaner mehr genetische Variation aufweisen als Populationen in Europa und Asien, die nicht so viel Zeit hatten, zu divergieren. Laut der „multiregionalen" Theorie haben sich die frühen Menschen nach dem Exodus aus Afrika nie in verschiedene Arten aufgeteilt, weil sie ständig gekreuzt und Gene ausgetauscht hätten. Über das „Out of Africa"-Modell herrscht allgemeiner Konsens.

3-SEKUNDEN-URSPRUNG
Die archaischen Hominini begannen vor ca. 2 Millionen Jahren über die Kontinente zu wandern. Damals verbreitete Homo Erectus sich von Afrika über Eurasien aus.

3-MINUTEN-INFO
Eine kleine Gruppe von Hominini gelangte auf die isolierte Insel Flores (Teil des heutigen Indonesien). Die hier gefundenen Fossilien und Steinwerkzeuge gehören zum *Homo floriensis*. Diese kleinwüchsige Art mit relativ kleinem Gehirn überlebte noch bis vor etwa 50.000 Jahren. Arten die auf Inseln leben, verlieren viel von ihrer genetischen Variation. Wie viele andere größere Säugetiere werden sie durch die begrenzten Ressourcen immer kleinwüchsiger.

VERWANDTE THEMEN
Siehe auch
HOMO SAPIENS
Seite 24

VARIATION
Seite 36

GLOBALISIERUNG
Seite 148

3-SEKUNDEN-BIOGRAFIE
REBECCA CANN, MARK STONEKING, ALLAN WILSON
1951–, 1956–, 1934–1991
Genetiker aus Amerika und Neuseeland. In ihrem Werk von 1987 wiesen sie nach, dass alle menschlichen Populationen einen gemeinsamen Vorfahren haben, der vor ca. 200.000 Jahren in Ostafrika lebte.

30-SEKUNDEN-TEXT
Djuke Veldhuis

Wir Menschen haben uns über die ganze Erde ausgebreitet. Unsere Reise ist durch Hinterlassung von Mustern biologischer und kultureller Variation und Anpassung in unseren Genen aufgezeichnet.

16. Dezember 1901
Geboren in Philadelphia, Pennsylvania.

1922
Begegnet Ruth Benedict, die ebenfalls bei Franz Boas studiert. Sie bleiben lebenslang enge Vertraute und Kollegen.

1925–1926
Führt anthropologische Forschungen auf Samoa durch. Thema sind Geschlechternormen und Sexualität bei heranwachsenden Mädchen. Sie schreibt darüber den Bestseller, *Coming of Age in Samoa*.

1931–1933
Forschungsarbeiten bei den Dobu auf Papua-Neuguinea.

1935
Veröffentlicht *Sex and Temperament in Three Primitive Societies*.

8. Dezember 1939
Geburt der Tochter Mary Catherine Bateson. Mary Catherine wurde später ebenfalls eine herausragende Anthropologin.

1940
Wird erste Präsidentin der „Society for Applied Anthropology".

1942
Wird stellvertretende Kuratorin beim „American Museum of Natural History" und arbeitet dort bis zu ihrer Pensionierung 1969 als Kurator Emeritus.

1943–1945
Arbeitet in Washington als Direktor des Ernährungsausschusses („Committee on Food Habits") des National Research Council.

1962
Beginnt eine eigene Kolumne in der Zeitschrift *Redbook*, die sie bis zu ihrem Tod weiterführt.

15. November 1978
Stirbt in New York an Bauchspeicheldrüsenkrebs.

MARGARET MEAD

Margaret Mead wurde im Dezember 1901 in Philadelphia, Pennsylvania geboren. Ihr Vater war Professor für Wirtschaftswissenschaft an der University of Pennsylvania, ihre Mutter widmete sich als Soziologin den Problemen italienischer Immigranten in den USA. Margaret machte 1923 ihren Bachelorabschluss am Barnard College in New York und absolvierte anschließend das Master- und Doktoralstudium an der Columbia University bei Franz Boas und Ruth Benedict.

Diese erste renommierte weibliche Ethologin war alles andere als eine Schreibtischgelehrte. Für Feldstudien besuchte Mead wiederholt die Pazifikinseln Samoa, Papua-Neuguinea und Bali. „Ich habe den Wert harter Arbeit gelernt, weil ich hart arbeitete" lautet ein berühmtes Zitat. Ihre harte Arbeit hat sich gelohnt, denn bis heute ist sie eine Berühmtheit in der Anthropologie. Mead wurde stark von ihrem Mentor Franz Boas beeinflusst, der die Aufgabe der Anthropologie darin sah, der Gerechtigkeit, Toleranz und dem gegenseitigen Verständnis zu dienen.

Meads nahm mit ihren Forschungen über Adoleszenz, Geschlecht und Sexualität schon in den 20er und 30er Jahren Ideen vorweg, die der Feminismus mit seinem Anspruch auf sexuelle Befreiung in den sechziger Jahren aufgreifen sollte. Sie betonte schon damals, dass individuelle Freiheit kulturell und nicht biologisch bestimmt ist. Einflussreich war ihre Beobachtung, dass in Gesellschaften mit vergleichsweise liberaler sexueller Einstellung der Übergang ins Erwachsenenalter weniger belastet und konfliktreich ist. Für sie waren ihre samoanischen Gesprächspartner keine „edlen Wilden" oder namenlosen Testpersonen. Durch ihre lebhafte Erzählweise, die in wissenschaftlicher Literatur selten ist, fühlt sich der Leser menschlich mit ihnen verbunden. Die ethnographischen Studien von Mead halten der westlichen Zivilisation den Spiegel vor und regen den Leser an, seine eigenen Vorstellungen über die menschliche Natur infrage zu stellen.

Durch ihre Arbeit für die US-Regierung während des Zweiten Weltkrieges und anschließend für die UNESCO und die Weltgesundheitsorganisation nahm das öffentliche Interesse an der Anthropologie zu. In ihren Beiträgen in der Zeitschrift *Redbook* behandelte Mead weitläufige Themen: vom Baseball bis zum Hairstyling. Ihr bleibendes Erbe ist das Streben, anthropologische Forschung in den Dienst sozialen Fortschritts zu stellen und gleichzeitig kulturelle Unterschiede und Traditionen zu respektieren.

Jason Danely

IST JEDER INDIGEN?
30-Sekunden-Anthropologie

Wir Menschen fühlen uns eng mit unserer Heimat verbunden, Heimat und Herkunft sind zentrale Elemente unserer Identität. So wie wir uns über unsere Beziehungen zu anderen Menschen definieren, ist unsere Identität auch unlösbar mit Vorstellungen über unsere Herkunft verbunden. Trotzdem haben unser Überlebenswille und unsere Neugier uns über die ganze Erde getrieben. Alle heute lebenden Menschen stammen von einer Population ab, die vor ungefähr 200.000 Jahren in Ostafrika lebte. Ungefähr 100.000 Jahre später verließen unsere Vorfahren Afrika und gründeten überall auf der Erde neue Populationen. Die ursprüngliche Population einer Region wird als indigene Bevölkerung bezeichnet. Sie entwickelt die typischen sozialen und kulturellen Traditionen, die von Generation auf Generation weitergegeben wurden. Das Überleben von Kulturen über viele Generationen hinweg kann von Neuankömmlingen gefährdet werden, deren eigene Systeme und Kulturen – oft über Gewalt – dominant werden. Seit der europäischen Kolonisierung des amerikanischen Kontinents im 15. und 16. Jahrhundert bis hin zum Nationalismus und Kolonialismus im 18. und 19. Jahrhundert gerieten die Rechte der Urbevölkerungen oft in heftigen Konflikt mit den wirtschaftlichen Interessen der Europäer. Wir haben noch immer die Pflicht, diese miteinander zu versöhnen.

3-SEKUNDEN-URSPRUNG
Alle Menschen stammen aus demselben Herkunftsgebiet in Ostafrika, sind aber in der ganzen Welt zuhause.

3-MINUTEN-INFO
Die Geschwindigkeit und Leichtigkeit, mit der wir weltweit operieren, hat tiefen Einfluss auf unsere Art. Durch Internet können wir Ideen und Trends so schnell teilen, wie wir sie entwickeln. Indigene Kulturen und Ideen sehen sich einer übermächtigen Beeinflussung gegenüber, die Jahrtausende alte Kulturen und Konzepte von Identität bedroht.

VERWANDTE THEMEN
Siehe auch
AFRIKA
Seite 44

ASIEN
Seite 46

EUROPA
Seite 48

3-SEKUNDEN-BIOGRAFIE
LOUIS UND MARY LEAKEY
1903–1972 und 1913–1996
Kenianisch-britisches Paläoanthropologen-Ehepaar, Pioniere der Erforschung der menschlichen Evolution in Afrika.

30-SEKUNDEN-TEXT
Jan Freedman

Alle Menschen außerhalb von Afrika sind vor relativ kurzer Zeit in Europa, Asien, Amerika und Australien angekommen.

AFRIKA

30-Sekunden-Anthropologie

Afrika beherbergt ungefähr 3000
verschiedene Populationen. Erstaunlicherweise unterscheiden sich diese Gruppen genetisch stärker voneinander, als die Einwohner Europas von Asiaten. Trotz ihrer großen genetischen Diversität haben alle Einwohner Afrikas eine schwarze Haut, die durch das gleiche, Augen- und Hautfarbe bestimmende, Pigment verursacht wird: Melanin. Je mehr Melanin, umso dunkler wird die Haut, und umso größer ist der Schutz gegen Hautkrebs. Die hellere Hautfarbe entstand aus der Notwendigkeit, in Regionen, wo die Sonneneinstrahlung nicht so groß ist wie in Afrika, mehr Vitamin D aus der Sonne aufnehmen zu können. Jede der 3000 afrikanischen Populationen hat eine eigene Kultur und eine unverwechselbare Identität. So soll zum Beispiel ein Mann des Lobola-Stammes im südlichen Afrika für seine Braut bezahlen. Männer des Wodaabe-Stammes können allerdings nur durch die Demonstration ihres Tanztalents eine Frau für sich gewinnen. Viele afrikanische Kulturen haben sich seit Jahrtausenden nicht verändert und bestehen aus Gruppen von Jägern und Sammlern, die durch das Land ziehen und so ihr Territorium bilden.

3-SEKUNDEN-URSPRUNG
Unsere Art wurde in Afrika geboren. Wo auch immer auf der Welt man heute lebt, kann man seine Vorfahren in die Wiege der Menschheit zurückverfolgen.

3-MINUTEN-INFO
Das Eindringen fremder Kulturen in Afrika führte zur Bildung von Königreichen, die ihre Völker verteidigten. Seit 1800 beanspruchten allerdings europäische Nationen afrikanisches Land für sich. 1913 bestimmten die Europäer die Grenzen für 40 afrikanische Staaten, aus denen die 54 Länder wurden, die wir heute kennen. Erst nach 1950 wurden diese Länder unabhängig.

VERWANDTE THEMEN
Siehe auch
RASSE
Seite 34

3-SEKUNDEN-BIOGRAFIE
NELSON MANDELA
1918–2013
1994 wurde Mandela der erste schwarze Präsident Südafrikas. Er kämpfte gegen Rassismus und setzte sich für Menschenrechte ein. Mandela war und ist noch immer eine inspirierende Gestalt der neueren afrikanischen Geschichte.

RICHARD UND MEAVE LEAKEY
1944–, 1942–
Dieses Forscher-Ehepaar machte wichtige Entdeckungen zum menschlichen Stammbaum.

30-SEKUNDEN-TEXT
Jan Freedman

Afrika ist der Geburtsort unserer Art und hier gibt es die größte und älteste genetische Diversität der Menschen.

ASIEN
30-Sekunden-Anthropologie

Der wichtigste Grund für den
Erfolg der menschlichen Art ist ihre Fähigkeit, sich den unterschiedlichsten Umgebungen anzupassen. In Asien haben sich die Menschen in Gebirgen, Wüsten, Küstenregionen und Urwäldern niedergelassen und dort überlebt. Im heißen Klima des mittleren Ostens wurde der Körper schlanker und die Haut dunkler, auf der extrem hohen und kalten Hochebene Tibets vergrößerten sich die menschlichen Lungen, um mehr Sauerstoff ins Blut aufnehmen zu können. Asien ist ein reiches und fruchtbares Land, das seit Tausenden von Jahren von Menschen besiedelt wird. Eine der ältesten Zivilisationen der Welt entstand in China, wo sich schon vor 9000 Jahren Religionen und Rituale entwickelten und die ersten Tempel gebaut wurden. Die asiatische Landwirtschaft mit Reisanbau und Nutztieren ermöglicht es bis heute, große Gruppen Menschen zu ernähren. Große Gruppen brauchen Strukturen und Führung, wie bereits die erste Dynastie vor ca. 4000 Jahren zeigte. Ungefähr 5000 Jahre alte Lehmtafeln, die in der alten Stadt Sumer im heutigen Irak entdeckt wurden, enthalten die frühesten Schriftzeichen der Menschen. Die Religion ist ein wesentlicher Bestandteil der asiatischen Kultur. Im mittleren Osten liegt der Ursprung des Judaismus, des Christentums und des Islam. Der Buddhismus entstand in Nepal, der Hinduismus und noch viele andere Religionen in Indien.

3-SEKUNDEN-URSPRUNG
Mit mehr als 14 verschiedenen Religionen, 18 verschiedenen Sprachen und den verschiedensten Gebräuchen und Kulturen sind die Menschen Asiens vielfältiger als irgendwo sonst auf der Welt.

3-MINUTEN-INFO
Der Einfluss des Westens auf Asien ist noch relativ jungen Datums. Der Zweite Weltkrieg bedeutete hier das Ende vieler alter Kulturen und demonstrierte außerdem die Folgen menschlicher Macht und Ignoranz: Der Abwurf einer Atombombe auf Hiroshima war nicht nur eine Zäsur für Japan, sondern für den ganzen Planeten und zeigt, wie einfach wir ihn zerstören können.

VERWANDTE THEMEN
Siehe auch
RASSE
Seite 34

RELIGION UND GLAUBE
Seite 114

3-SEKUNDEN-BIOGRAFIE
DSCHINGIS KHAN
1162–1227
Gründer und Herrscher des Mongolenreichs, berühmt und berüchtigt für seine brutalen Eroberungskriege.

MAHATMA GANDHI
1869–1948
Politisch einflussreicher Verfechter des gewaltlosen Widerstands in Indien.

30-SEKUNDEN-TEXT
Jan Freedman

Der Kontinent Asien ist seit Jahrtausenden der Nährboden vielfältiger menschlicher Kulturen. Seine Zukunft wird von seinen wirtschaftlichen Supermächten bestimmt.

46 • Die Art Mensch

EUROPA
30-Sekunden-Anthropologie

Die erste menschliche Art, die
Europa vor 1,8 Millionen Jahren besiedelte, war der *Homo Erectus* in Georgien. Später folgten ihm die Neandertaler, die aber vor ca. 20 bis 30.000 Jahren ausstarben. Unsere eigene Art *Homo sapiens* erschien vor ungefähr 50.000 Jahren. Zum Ende der Eiszeit vor etwa 12.000 Jahren begannen die Menschen Niederlassungen zu bauen, die als kleine Dörfer begannen und sich schließlich über Kleinstädte und Großstädte zu den heutigen modernen Ballungsräumen entwickelten. Das Römische Reich hat dauerhafte Spuren nicht nur in der europäischen Landschaft, sondern auch in der Gesetzgebung und in anderen Traditionen des heutigen Europa hinterlassen. Als sich der römische Einfluss nach Osten zurückzog, wurde oft die antike Kultur als Zivilisationsmodell gegenüber dem sogenannten „dunklen", von Machtkämpfen gekennzeichneten Mittelalter mit seinen Dutzenden kleineren Königreichen hervorgehoben. Das moderne Europa entstand erst mit der Renaissance, die der Aufklärung den Weg bahnte. Auch als „junger" Kontinent zeigt Europa bereits die gesamte Reichweite an menschlicher kultureller Komplexität und Errungenschaften auf – bis hin zur Selbstzerstörung. Die Europäische Union entstand als Reaktion auf die gewaltsame Geschichte unserer Vorfahren, und auch das ist ein Arbeitsgebiet der Anthropologie.

3-SEKUNDEN-URSPRUNG
Das Römische Reich war Vorbild für viele europäische Länder, und Latein ist die Wurzel vieler moderner europäischer Sprachen.

3-MINUTEN-INFO
Obwohl an Landmasse relativ klein, war Europas Einfluss auf die restliche Welt sehr groß. Das beste/schlimmste Beispiel dafür ist der Zweite Weltkrieg. Der Zusammenbruch des alten – auf Eliten basierenden – politischen Systems löste den Ersten Weltkrieg aus, was wiederum zum Faschismus führte und im Holocaust gipfelte: dem Inbegriff des menschlichen Bösen. Die Europäische Union wurde aus dem Wunsch nach friedvollen Beziehungen und starken wirtschaftlichen Partnerschaften innerhalb Europas geboren.

VERWANDTE THEMEN
Siehe auch
NEANDERTALER
Seite 22

HOMO SAPIENS
Seite 24

3-SEKUNDEN-BIOGRAFIE
ARISTOTELES
384–322 V. CHR.
Griechischer Philosoph und Wissenschaftler, der erste große Denker Europas. Aristoteles forschte über Biologie, Physik, Biologie, Medizin und Psychologie.

PAUL-HENRI SPAAK
1899–1972
Belgischer Politiker, leitete in den frühen fünfziger Jahren das intergouvernementale Komitee, das zur Europäischen Wirtschaftsgemeinschaft, später Europäischen Union, führte.

30-SEKUNDEN-TEXT
Jan Freedman

Seit dem alten Rom bis heute hat die politische und finanzielle Macht Europas die Wirtschaft und politischen und sozialen Werte dominiert.

NORD- UND SÜDAMERIKA

30-Sekunden-Anthropologie

Die Vereinigten Staaten von Amerika sind eines der mächtigsten Länder der Erde. Allerdings sind die Kulturen im modernen Nord- und Südamerika noch relativ jung: Sie entstanden erst nach der Kolonisation im 17. und 18. Jahrhundert. Die ersten menschlichen Populationen erreichten Nordamerika vor ungefähr 20.000 Jahren über eine Landbrücke bei Sibirien und verbreiteten sich schnell nach Süden. In kurzer Zeit wurde so der gesamte Kontinent besiedelt. Diese Kulturen waren sehr divers und Ausdruck der extrem unterschiedlichen Umgebungen, in denen sie entstanden. Die ersten kulturellen Funde in Nordamerika sind die feinen Feuersteinspitzen der sogenannten Clovis-Kultur. Sie verschwand relativ rasch und es entwickelten sich neue Kulturen. Die Menschengruppen in Nordamerika verfügten über eigenes Land und standen unter der Leitung eines Häuptlings. Das gemäßigte Klima in Südamerika mit seiner Vielfalt von Pflanzen und Tieren erlaubte es den Menschen, in größeren komplexen Gruppen zusammenzuleben. In diesen Gruppen entwickelten sich soziale Strukturen, Schrift, Architektur und Landwirtschaft und damit die ersten Zivilisationen auf dem Kontinent. Am bekanntesten sind die Azteken (Nordmexiko), Maya (Mittel Mexiko) und Inkas (Peru), obwohl es auf dem riesigen Kontinent noch Dutzende anderer kleinerer Kulturen gab.

3-SEKUNDEN-URSPRUNG
Nordamerika wurde zum ersten Mal vor 20.000 Jahren besiedelt und ist heute einer der größten multikulturellen Schmelztiegel.

3-MINUTEN-INFO
Durch die Ankunft der Europäer veränderten sich die indigenen Kulturen in Nord- und Südamerika für immer. Die Spanier kamen Anfang des 16. Jahrhunderts nach Südamerika. Sie suchten Gold und brachten Kriege und Krankheiten. Kurz danach schickten viele europäische Länder Siedler nach Nordamerika, was zu schweren Konflikten mit den indigenen Amerikanern führte und Tausenden das Leben kostete.

VERWANDTE THEMEN
Siehe auch
RASSE
Seite 34

3-SEKUNDEN-BIOGRAFIE
MONTEZUMA II
ca. 1466–1520
Herrscher des damals riesigen Aztekenreichs, wurde von spanischen Konquistadoren getötet.

THOMAS JEFFERSON
1743–1826
Einer der Gründerväter der Vereinigten Staaten von Amerika, Verfasser der Unabhängigkeitserklärung und dritter Präsident der USA.

MARTIN LUTHER KING
1929–1968
Führer der Bürgerrechtsbewegung, der gewaltfreie Märsche gegen Rassenpolitik, Armut und den Vietnamkrieg organisierte.

30-SEKUNDEN-TEXT
Jan Freedman

Die Cloviskultur in Nord-, sowie die Azteken und Mayas in Südamerika gehören zu den ursprünglichen Kulturen Amerikas.

AUSTRALASIEN
30-Sekunden-Anthropologie

Erst das trockene Klima und der niedrige Meeresspiegel vor ca. 50.000 Jahren gab den Menschen die Möglichkeit, Australien zu besiedeln. Auf bis zu 40.000 Jahren alten Ritzzeichnungen und Felsenabbildungen ist eine einmalige, längst verschwundene Tierwelt festgehalten. Für die Aborigines sind diese oft besuchten Abbildungen noch heute Symbol für alte Legenden und die Verbindung mit der sogenannten „Traumzeit". Die große benachbarte Insel Papua-Neuguinea wurde vor ungefähr 40.000 Jahren besiedelt und beherbergt heute mehr als 1000 unterschiedliche Stämme mit eigenen Sprachen. Man vermutet, dass noch mindestens 40 Stämme unentdeckt sind. Neuseeland wurde erst vor ca. 800 Jahren von polynesischen Seglern besiedelt. Diese neuen Bewohner entwickelten ihre eigene Kultur: Die Maori dekorierten sich mit Vogelfedern um ihren Status anzuzeigen und mit ihrem heute weltberühmten *Kapa Haka*-Tanz erzählten sie Geschichten. Australien wurde erst 1770 von James Cook als britisches Territorium kolonisiert, obwohl dort schon viel früher Schiffe aus anderen Ländern gelandet waren. Die neuen Siedler brachten Kriege und Krankheiten, töteten Tausende Aborigines und vernichteten Dutzende von Kulturen. Die Ureinwohner von Papua-Neuguinea lebten im dichten Dschungel und waren deshalb relativ geschützt.

3-SEKUNDEN-URSPRUNG
Die Aborigines sind die älteste überlebende menschliche Population außerhalb Afrikas.

3-MINUTEN-INFO
Vom Ende des 18. bis zur Mitte des 19. Jahrhunderts wurden mehr als 160.000 Strafgefangene aus Europa nach Australien verschifft. Der Reiz des Goldes und unberührten Landes brachte noch viele Tausende Siedler dorthin, was katastrophale Konsequenzen für die Aborigines hatte. Heute haben viele Aborigines sich an die moderne westliche Kultur angepasst und damit ihre ursprüngliche Lebensweise und Naturverbundenheit aufgegeben.

VERWANDTE THEMEN
Siehe auch
RASSE
Seite 34

3-SEKUNDEN-BIOGRAFIE
KAPITÄN JAMES COOK
1728–1779
Befuhr und kartographierte als erster die Gewässer um Australien und Neuseeland, was die Kolonisierung durch Europa ermöglichte. Die Aborigines aus Australien, die 50.000 Jahre lang ohne Nachbarn gelebt hatten, litten schwer unter den Folgen.

EDITH COWAN
1861–1932
Wurde als erste Frau ins australische Parlament gewählt. Cowan hatte großen Einfluss auf die australische Frauenrechtsbewegung im 19. und frühen 20. Jahrhundert. Nach erfolgreichen Kampagnen wurde den Frauen schließlich das Wahlrecht gewährt.

30-SEKUNDEN-TEXT
Jan Freedman

Die kolonialistischen Ambitionen der europäischen Staaten im 19. Jahrhundert hatten katastrophale Folgen für die ursprünglichen Kulturen Australasiens.

MATERIALIEN

MATERIALIEN
GLOSSAR

Archäometallurgie Forschungsdisziplin, die sich archäologischen Metallen und deren Herstellung widmet.

Archäometrie Sammelbegriff für die Anwendung von Datierungstechniken auf archäologisches Material.

Biologische Anthropologie Anthropologische Disziplin, die die menschliche Biologie aus evolutionärer Perspektive erforscht.

Bronzezeit Periode der menschlichen Geschichte, definiert durch erste Bronzebearbeitung, erste schriftliche Dokumente und eine zunehmende Urbanisierung. Im Mittleren Osten wird die Bronzezeit auf 3300-1200 v. Chr. und in Europa von 3200-600 v. Chr. angesetzt.

Chalkolitische Periode (Kupferzeit) Die Periode zwischen Neolithikum und Bronzezeit, die ihren Namen dem weit verbreiteten Gebrauch von Kupfer zur Werkzeugherstellung verdankt.

Faynan Dieses Gebiet im südlichen Jordanien beherbergte einige der frühesten komplexen Gesellschaften.

Gentechnik Biotechnologische Verfahren, mit dem gezielte Veränderungen in den Genen von Organismen vorgenommen werden. De facto manipulieren Menschen die Gene von Pflanzen und Tieren schon seit Jahrtausenden durch selektive Zucht.

Holismus Wissenschaftlicher Forschungsansatz nach dem Forschung nicht nur die einzelnen Teile, sondern das Ganze im Blick behalten sollte. Manche argumentieren, dass die Anthropologie von sich aus holistisch sei, weil sie alle Aspekte des Menschseins berücksichtige. Gegner sehen diesen Ansatz eher als eine Gefährdung wissenschaftlichen Denkens.

Holozän Die gegenwärtige geologische Epoche. Sie folgte auf das Pleistozän und begann vor ca. 11.700 Jahren. Manche Forscher argumentieren, dass das Holozän inzwischen vom Anthropozän abgelöst wurde: Die Epoche, die durch den weltweiten, von Menschen verursachten Klimawandel gekennzeichnet wird.

Homo sapiens Der Name unserer Art bedeutet „weiser Mann". Alle heute lebenden Menschen stammen von Vorfahren ab, die vor ca. 200.000 Jahren in Ostafrika lebten.

Indigene Einwohner Die frühesten Bewohner einer Region und ihre lebenden Nachkommen.

Komplexe Gesellschaften Dieser anthropogische Begriff meint alle menschlichen Gruppen, die Arbeitsteilung kennen und deren Leben bereits von Gesetzen und Gewohnheiten bestimmt wird.

Kulturanthropologie Das Studium kultureller Variation in menschlichen Gruppen bedient sich der partizipierenden Beobachtung und ausgedehnter Feldstudien.

Kultureller Relativismus Von Franz Boas entwickelte sozialanthropologische Theorie, nach der sich Religionen nur aus ihrem Entstehungskontext heraus verstehen lassen.

Linguistische Anthropologie Die Erforschung von Sprache und ihrer Verwendung in menschlichen Gruppen und Interaktionen.

Mesopotamien Dieses Gebiet im heutigen Irak gilt als eine der Wiegen der Menschheit. Die menschliche Aktivität geht hier fast 10.000 Jahre zurück. In Mesopotamien entstand auch die früheste bekannte menschliche Schrift: die sumerischen Keilschrifttafeln.

Metallurgie Wissenschaftliche Disziplin, die die Eigenschaften und das Verhalten von Metallen erforscht.

Neolithikum Diese Zeit begann vor ungefähr 10.000 Jahren im Mittleren Osten, als sich Landwirtschaft und der Gebrauch sekundärer Produkte wie Tierhäute und Milch entwickelten.

Pleistozän Geologische Epoche von ca. 2,6 Millionen bis 11.700 Jahre vor unserer Zeitrechnung.

LEHM
30-Sekunden-Anthropologie

Dieses leicht formbare und
– nach Trocknen oder Brennen – feuerfeste Material wird schon seit dem Pleistozän (vor ca. 125.000 Jahren) für Gefäße verschiedenster Größen und als Baumaterial (Verputz, Lehmziegel) benutzt. Die Herstellung von Keramik manifestierte sich unabhängig voneinander in verschiedenen Gebieten. Die früheste Keramik entstand in Ostasien vor 16.000 Jahren, in Nordafrika vor 12.000 Jahren und im Amazonasgebiet vor 7500 Jahren. Dank Keramik konnte man Lebensmittel kochen, erhalten, lagern und fermentieren. Lange vor der Verwendung von Glas, Metall oder Plastik wurden Nahrungsmittel wie Oliven in Keramikgefäßen (Amphoren) über große Entfernungen im römischen Reich transportiert. Die Verwendung als Baumaterial war von der Keramik unabhängig, aber das Prinzip war dasselbe: die Herstellung von Behältern. Das Bauen mit Lehmziegeln verbreitete sich über die ganze Welt. Alle frühen Städte des alten Nahen Ostens, im Indus-Tal und im Fernen Osten wurden aus Lehmziegeln erbaut. Keramische (in Feuer gebrannte) Baumaterialien, wie rote Ziegel und Fliesen, ermöglichten dauerhaftes und im Prinzip unbegrenztes Bauen.

3-SEKUNDEN-URSPRUNG
Seine Formbarkeit macht Lehm zu einem idealen Material für große und kleine Gefäße, Kochtöpfe und Wohnungen.

3-MINUTEN-INFO
Lehm diente auch als Metapher: Die Entwicklung von Körper und Geist wurde oft mit der Formung und Härtung von Lehm verglichen. So wurden Gefäße mit Mündern, Hälsen, Körpern und Füßen geformt und gehärtet. Man benutzte sie und sie zerbrachen schließlich. In vielen Kulturen werden Gefäßen ähnliche Eigenschaften zugeschrieben wie Menschen.

VERWANDTE THEMEN
Siehe auch
WERKZEUGE
Seite 18

FEUER
Seite 20

KUNST UND ARTEFAKTE
Seite 90

30-SEKUNDEN-TEXT
Joshua Pollard

Menschen nutzen Lehm seit Jahrtausenden zum Haus- und Tempelbau.

9. Juli 1858
In Minden, Deutschland, in einer liberalen jüdischen Familie geboren.

1881
Erwirbt den Doktorgrad an der Universität Kiel mit einer Arbeit über die Brechung von Licht in Meereswasser.

1883
Kehrt zur Geographie zurück und unternimmt eine erste Forschungsreise zu den Inuit in der Baffin Bay, Kanada.

1886
Schreibt Diplomarbeit über seine arktischen Forschungen.

1887
Emigriert in die USA.

1888
Lehrstuhl an der Clark University.

1892
Zieht sich von der Universität zurück.

1896
Wird zum stellvertretenden Kurator am American Museum of Natural History ernannt, unterrichtet auch an der Columbia University.

1899
Wird zum Professor für Anthropologie und Fakultätsleiter an der Columbia University ernannt.

1905
Gibt die Museumsarbeit auf.

21. Dezember 1942
Stirbt in New York.

FRANZ BOAS

Franz Boas gilt als Begründer der amerikanischen Anthropologie. Er wurde in Deutschland geboren und studierte Physik und Geographie in Heidelberg und Bonn, widmete sich jedoch nach seiner Promotion der Geographie und später der Anthropologie. Sein Forschungsgebiet waren die indigenen Einwohner der Arktis, die ihn ein Leben lang faszinierten.

Boas stammte aus einer jüdischen Familie und emigrierte 1887 in die USA, weil der Antisemitismus in Deutschland immer stärker wurde. Er schrieb für die Zeitschrift Science und bekam eine Stellung an der Clark University. Er setzte seine Karriere als Kurator des American Museum of Natural History und später als Professor Fakultätsleiter an der Columbia University fort, wo er bis zu seinem Tode im Jahr 1942 blieb. Boas war ein hervorragender Dozent, viele seiner Schüler, wie etwa Alfred Kroeber, wurden bekannte Anthropologen.

Der Anthropologe Boas vertrat einen holistischen Ansatz und interessierte sich folglich auch für biologische, linguistische und kulturelle Anthropologie. So entwickelte er die Grundlagen für eine kulturell relativistische Anthropologie. Er schrieb über alle diese Themen, allgemeiner etwa in *The Mind of the Primitive Man* (1911), aber veröffentlichte auch detailliertere Untersuchungen. So wies er nach, dass der Kopfumfang bei Immigranten in den USA von ihrer Umgebung beeinflusst wurde.

Boas war tief überzeugt von der moralischen Aufgabe der Anthropologie und verurteilte die Politisierung anthropologischer Einsichten. Diese zugleich kämpferische, aber auch akribische und engagierte Haltung war grundlegend für die Entwicklung der Anthropologie in den USA. Neben vielen anderen professionellen Aufgaben wurde Boaz 1907 zum Präsidenten der Anthropological Association ernannt.

Franz Boas hatte einen internationalen Fokus. Er gründete eine Feldschule in Mexiko und arbeitete eng mit Kollegen in Europa zusammen, mit denen er auch intensiv korrespondierte. Er strebte einen Rahmen zur Lösung intellektueller Probleme an, der frei von äußeren Einflüssen sein sollte. Boas starb im Dezember 1942 nach einem Vortrag im University Faculty Club, in dem er Rassismus mit kraftvollen Worten verurteilte.

David Shankland

METALLBEARBEITUNG DER BRONZEZEIT
30-Sekunden-Anthropologie

Ohne Metalle wäre unsere moderne Welt undenkbar. Unsere Zivilisation beruht auf unserer Fähigkeit, aus rohen Mineralien Metalle herzustellen. In der Geschichte des Menschen ist dies jedoch ein relativ neues Phänomen, denn der *Homo sapiens* hat die meiste Zeit seiner ca. 200.000-jährigen Existenz einfache Werkzeuge aus Stein, Knochen und Holz benutzt. Erst vor etwa 7000 Jahren entdeckten die Menschen, dass man mit Feuer blaue oder grüne Mineralien in glänzende Metallobjekte verwandeln konnte: Eine Entdeckung, die geradezu magisch gewirkt haben muss. Obwohl die genauen Ursprünge dieser Errungenschaft nicht ganz geklärt sind, zeigen archäologische Funde, dass Menschen seltene und wertvolle Kupferobjekte schon kurz vor dem Bronzezeitalter zur Demonstration ihres sozialen Status benutzten. Schon zu Beginn der Bronzezeit (ca. 3500 v. Chr.) entwickelten sich durch die Erschließung, Ausbeutung und Kontrolle von Kupfervorkommen im Gebiet des heutigen Mittleren Ostens komplexe Gesellschaften. Aus Metallen wurden nicht nur Statussymbole, sondern auch Werkzeuge und kunstvolle Gegenstände gefertigt. Alle frühen Zivilisationen vom Alten Ägypten bis Mesopotamien suchten und verwendeten Kupfer (und später Gold und Silber) für Wohlstand und Macht.

3-SEKUNDEN-URSPRUNG
Nach bescheidenen Anfängen im Chalkolithikum entwickelte sich Kupfer in der Bronzezeit zu einer zentralen Stütze der Zivilisation.

3-MINUTEN-INFO
Die frühe Kupferverhüttung war sehr arbeitsintensiv. Es wurde ein Schmelztiegel aus Lehm mit Kupfererz gefüllt und auf ein Bett mit glühender Kohle gestellt. Zusätzliche glühende Kohle wurde in den Schmelztiegel geschüttet. Über einen Blasebalg wurde zusätzlich Sauerstoff zugeführt, so dass die Temperatur bis auf den Schmelzpunkt (1084°C) stieg. Bei dieser Temperatur verwandelt sich das Erz in kleine metallische Partikel, die nach Abkühlung mit Partikeln aus anderen Schmelztiegeln geschmolzen wurden, bis das Kupfererz verflüssigt war.

VERWANDTE THEMEN
Siehe auch
WERKZEUGE
Seite 18

INDUSTRIE UND BERGBAU
Seite 64

3-SEKUNDEN-BIOGRAFIE
BENO ROTHENBERG
1914–2012
Begründer der Archäometallurgie, in Deutschland geboren. Rothenberg war der erste Vertreter eines multidisziplinären Ansatzes, indem er archäologische Untersuchungen mit wissenschaftlichen Verfahren kombinierte (später Archäometrie genannt).

RONALD F. TYLECOTE
1916–1990
Britischer Archäologe und Metallurge. Er gilt als Begründer der Archäometallurgie.

30-SEKUNDEN-TEXT
Russell Adams

Die Bearbeitung von Metall bedeutet das Ende der Steinzeit und damit von 3 Millionen Jahren einfacher menschlicher Beeinflussung seiner Umgebung.

INDUSTRIE UND BERGBAU

30-Sekunden-Anthropologie

Die Ursprünge des Bergbaus

reichen mindestens bis zum Neolithikum zurück. Damals begannen die Menschen brillant gefärbte Mineralien (wie den blau/grünen Chrysokoll) zu Perlen und Farbstoffen zu verarbeiten. Im Chalkolithikum (Kupferzeit) entwickelte sich bereits ein großformatiger Tagebau zum Abbau von Erzen, es wurden sogar schon Stollen gegraben (wie in Timna, Israel). Schächte und Stollen aus der frühen Bronzezeit (ca. 2800 v. Chr.) zeugen von einem bereits avancierten Bergbau mit hoher Fördermenge. Man grub vertikale Schächte und damit verbundene horizontale Stollen, die den Erzadern folgten. Meistens wurde das taube Gestein in den Stollen gelassen, um deren Zusammenbruch zu verhindern. Die Fortschritte in der Bergbautechnik gehen einher mit dem wachsenden Metallbedarf in den frühen komplexen Gesellschaften. Weitere technische Fortschritte zeigen, dass der Bergbau damals bereits industrielle Züge annahm. Dies gilt zum Beispiel für das Schmelzen und die Herstellung von Kupfergegenständen in Faynan (Jordanien), wo große Schmelzanlagen auf hohen Hügeln gebaut wurden, um auf diese Weise die natürliche Luftströmung zum Schmelzen von Kupfererz zu nutzen. In Khirbat Hamra Ifdan (ebenfalls Jordanien) finden sich Reste einer ersten „Fabrik" (ca. 2600 v. Chr.) mit einer fast fließbandartigen Anordnung zum Reinigen, Gießen und Bearbeiten von Kupferprojekten. Außerdem wurden Kupferbarren zu Handelszwecken hergestellt.

3-SEKUNDEN-URSPRUNG
Als Folge der Industrialisierung entwickelten sich komplexe Klassengesellschaften, deren Eliten seltene und wertvolle Gegenstände erworben, um ihren Reichtum und Status zu erhöhen.

3-MINUTEN-INFO
Die Industrialisierung ist eine der Voraussetzungen für die Entstehung komplexer Gesellschaften im vierten und dritten Jahrtausend v. Chr. Neben Bergbau und Metallherstellung entwickelte sich auch die Textilherstellung. Im alten Mesopotamien zeigen Funde, dass Sklaven in riesigen Gebäuden Textilien fertigten. Diese Textilien förderten den internationalen Handel, was wiederum zum Aufstieg von Eliten führte.

VERWANDTE THEMEN
Siehe auch
METALLBEARBEITUNG IN DER BRONZEZEIT
Seite 62

HANDEL
Seite 100

3-SEKUNDEN-BIOGRAFIE
GERD WEISGERBER
1938–2010
Deutscher Bergbauarchäologe, forschte intensiv in Europa und im Mittleren Osten (Oman, Israel, Jordanien und Iran). Sein Arbeitsfeld entwickelte sich zu einer wissenschaftlichen archäologischen Disziplin.

30-SEKUNDEN-TEXT
Russell Adams

Der Bergbau hat seit seinen steinzeitlichen Anfängen entscheidend zur industriellen Entwicklung beigetragen.

HANDWERK
30-Sekunden-Anthropologie

Handwerk erfordert Können,
Konzentration und Respekt vor überlieferten Verfahren. Es ist mehr als die routinemäßige Produktion von Bedarfsgegenständen. Historiker vermuten, dass es bereits im frühen Holozän (vor ca. 12.000 Jahren) spezialisierte Handwerker gab, die sich der Herstellung von Gegenständen wie Perlen, Metallobjekten und Waffen widmeten. Damals schon wurde das Tragen bestimmter Objekte Ausdruck von gesellschaftlicher Stellung und Identität. Die Fähigkeit, wertvolle Gegenstände (sowohl säkulare als auch kosmologische) herzustellen, war von großer Bedeutung und die handwerkliche Produktion wurde deswegen streng reglementiert. In der Maori-Kultur galt das Schnitzen sogar als heiliger Akt. Im mittelalterlichen Europa organisierten sich die Handwerker in Gilden, die sich selbst verwalteten und oft im Geheimen operierten. Dennoch wäre es ein Fehler, das Handwerk nur mit der nicht- oder frühindustrialisierten Gesellschaft in Verbindung zu setzen. Handwerk ist auch in den modernen Industrieländern wichtig, nicht nur als Hobby, sondern auch zur Wiederverwendung von Massengütern. In vielen südlichen Ländern werden zum Beispiel aus aufgearbeitetem Draht und Dosen Körbe und Spielzeug hergestellt. Und schon im Ersten Weltkrieg wurden in den Schützengräben aus Geschoss- und Kugelhülsen Kunstwerke hergestellt. Damit wurden diese verfremdeten Objekte zu Trägern von Erinnerung und Bedeutung.

3-SEKUNDEN-URSPRUNG
Handwerk ist eine hochspezialisierte und wertvolle Fertigungsart. In der industriellen Welt verbindet es die Menschen mit dem Wert persönlicher Arbeit.

3-MINUTEN-INFO
Das Erlernen handwerklicher Fähigkeiten erfordert Beobachtung, Nachahmung und Unterricht. Als handwerkliche Fähigkeiten komplizierter und geschätzter wurden, entwickelten sich Ausbildungsstrukturen. So erlernten künftige Holzschnitzmeister in der Massim-Region in Papua Neuguinea nicht nur den Holzschnitt, sondern sie mussten auch eine strenge Diät einhalten und magische Fähigkeiten entwickeln, um klares Denken zu trainieren.

VERWANDTE THEMEN
Siehe auch
WERKZEUGE
Seite 18

INDUSTRIE UND BERGBAU
Seite 64

KUNST UND ARTEFAKTE
Seite 90

30-SEKUNDEN-TEXT
Joshua Pollard

Ein handwerklich hergestellter Gegenstand, ob aus Stein oder recyceltem Material, spiegelt das Können seines Schöpfers wider.

ENTDECKUNGEN
30-Sekunden-Anthropologie

Mensch sein heißt, neugierig und anpassungsfähig zu sein, konkrete Lösungen für Probleme zu suchen und die Möglichkeiten zu nutzen, die sich bieten. Entdeckungen entstehen in einem Schmelztiegel aus Bedarf, Verfügbarkeit (Materialien, Fähigkeiten, Umgebung) und Spürsinn. Sogar wissenschaftliche Entdeckungen im Labor können durch Zufall entstehen und Kreativität folgt nicht immer den gängigen Pfaden. Ein gutes Beispiel hierfür ist die Entdeckung von Penicillin durch Alexander Fleming 1928. Auch gesellschaftliche Akzeptanz spielt eine Rolle. Die größten Hindernisse für Innovationen sind manchmal eher sozialer als technischer Natur. Dies zeigt sich zum Beispiel an der langsamen Entwicklung von Metallbearbeitung im prähistorischen Europa, aber auch am schlechten Markt für elektrische Autos Mitte des 20. Jahrhunderts in den USA oder am gegenwärtigen Widerstand gegen genetische Manipulation. Die Fortschrittsgeschichte verläuft nicht so linear wie sie meistens dargestellt wird: von der Landwirtschaft, über Schrift, Mechanik, Luftfahrt und Computer zum molekularen Design usw. Geschichte verläuft meistens widersprüchlicher. Dies gilt für die Geschichte Eurasiens ganz besonders.

3-SEKUNDEN-URSPRUNG
Entdeckungen entstehen durch Neugier in einem gesellschaftlichen Kontext aus spezifischen technischen Fähigkeiten und Materialen.

3-MINUTEN-INFO
Die Entdeckung der Landwirtschaft ist eine der wichtigsten Innovationen der menschlichen Geschichte. Die Ursache ihrer Entstehung, die sich im Holozän (vor ca. 11.500 Jahren) in verschiedenen Weltteilen unabhängig voneinander vollzog, ist immer noch unklar. Wahrscheinlich haben die Menschen das Pflanzenwachstum beobachtet und sie verfügten über geeignete Wildpflanzen, die sich unter geeigneten klimatischen Bedingungen züchten ließen. Hierdurch konnten Menschen sesshaft werden, was wiederum die Notwendigkeit einer regulären Nahrungsproduktion zur Folge hatte.

VERWANDTE THEMEN
Siehe auch
FEUER
Seite 20

METALLBEARBEITUNG IN DER BRONZEZEIT
Seite 62

30-SEKUNDEN-TEXT
Joshua Pollard

Neugier ist keine ausschließlich menschliche Eigenschaft, aber entscheidend ist unsere Fähigkeit, sie zu Lösungen von hochkomplexen Problemen zu nutzen. Wir nutzen unsere Fähigkeit zu Entdeckungen und Innovationen für unsere Evolution.

SOZIALISATION UND KOMMUNIKATION

SOZIALISATION UND KOMMUNIKATION
GLOSSAR

Azteken Zentralmexikanische Kultur, Blütezeit zwischen dem 14. und 16. Jahrhundert, die vor allem aus archäologischen Funden und den oft blumigen Berichten spanischer Kolonisten bekannt ist.

Kommunikative Kompetenz Die Beherrschung nicht nur von sprachlicher Grammatik und Syntax, sondern auch von den sprachlichen Gebrauchsregeln: also wie und wo Worte zu benutzen sind.

Kreolsprache Sprache, die sich auf natürliche Weise durch Vermischung mehrerer Sprachen entwickelt hat. Kreolsprachen haben eine voll entwickelte Grammatik und Syntax.

Ethnographie Die systematische sozialkulturelle Erforschung von Völkern, oft über schriftliche Berichte.

Evolutionäre Psychologie Anthropologische Disziplin, die den Einfluss der menschlichen Evolution auf die menschliche Psyche erforscht. Viele ihrer Vertreter argumentieren, dass unser heutiges Denken immer noch von den Erfahrungen unserer Vorfahren geprägt ist.

Genetisch modifizierte (GM) Nahrungsmittel Anwendungsbereich der Gentechnik, wobei die DNA von Getreide verändert wird, um seine Produktivität und Widerstandsfähigkeit zu erhöhen. GM kann als eine fortgeschrittene Form selektiver Zucht betrachten werden, während DNA-Manipulation eine erheblich größere Beeinflussung genetischer Eigenschaften ermöglicht.

Grammatik Regelsystematik einer Sprache, die sinnvolle Kommunikation ermöglicht.

Kamikazepiloten Piloten, die gegen Ende des Zweiten Weltkriegs Selbstmordmissionen gegen alliierte Schiffe flogen. In Japan wurden sie in der Tradition der Samurai Bushido verehrt.

Linguistische Relativität Linguistisch-anthropologische Theorie, nach der Sprachstrukturen Denkprozesse direkt beeinflussen.

Mesolithikum (oder Epipaläolithikum) deutet auf die Zeit zwischen 20.000 Jahren und dem Ende des Pleistozäns sowie die für diese Zeit typischen Steinwerkzeuge.

Mittleres Paläolithikum Archäologische Periode von ungefähr 300.000 bis 30.000 Jahren. In Europa gilt sie als die Periode der Neandertaler und Mousterién Steinwerkzeuge. Damals (vor ca. 100.000 Jahren) begann Homo Sapiens seine Auswanderung aus Afrika.

Nukleation Der Prozess wachsender Größe und Dichte menschlicher Ansiedlungen.

Paläolithische Periode Archäologische Periode in der Steinwerkzeuge benutzt wurden, ab etwa 2,6 Millionen Jahren bis zum Ende des Pleistozän. Durch die Entdeckung 3,3 Millionen Jahre alter Steinwerkzeuge aus Lomekwie wird das Paläolithikum oft früher angesetzt, es ist kein geologischer Begriff.

Pidgin Eine Sprache, die aus Gründen einfacher Verständigung durch eine Kombination von zwei oder mehr nicht miteinander verwandten Sprachen entstanden ist. Pidgin hat kaum grammatikalische Regeln und Konventionen.

Primatologie Allgemeiner Begriff für Primatenforschung, einschließlich Verhalten und Artenschutz.

Prosozial Nicht erzwungenes Verhalten zum Nutzen Anderer, wie zum Beispiel Teilen, Kooperation und Regelbefolgung.

Sesshaftigkeit In der biologischen Anthropologie bezeichnet dieser Begriff den veränderten Lebensstil durch den Übergang von Jagen und Sammeln zur Landwirtschaft. In der sozialen Anthropologie bezeichnet er eine Population, die dauerhaft an einem Ort lebt.

Semantik Analyse von Begriffsbedeutungen und ihrem Gebrauch.

Semiotik Analyse von Zeichen und Symbolen und ihrer historischen Entwicklung.

Soziale Anthropologie Anthropologische Disziplin, die menschliche Gesellschaften und Kulturen erforscht.

Sprachgemeinschaft Allgemeiner Begriff zur Bezeichnung einer Gruppe Menschen, die eine Sprache in einer bestimmten Weise benutzt und ihre Identität hieraus herleitet.

DOMESTIZIERUNG
30-Sekunden-Anthropologie

3-SEKUNDEN-URSPRUNG
Kultivierung und Domestizierung von Pflanzen und Tieren entwickelten sich unabhängig voneinander an verschiedenen Orten. Sie waren die Bedingung für die Entwicklung menschlicher Zivilisationen.

3-MINUTEN-INFO
Im 20. Jahrhundert führten Mechanisierung und der Gebrauch künstlicher Düngemittel zur industriellen Entwicklung der Landwirtschaft. Die genetisch modifizierten Lebensmittel in diesem Jahrhundert bilden die nächste Revolution. Selektive Zucht gibt es schon lange. Direkte Geneingriffe, um zum Beispiel Getreide schädlingsresistent zu machen, gehören allerdings einer ganz andere Dimension an und könnten viele Menschen vor dem Hungertod retten. Allerdings bestehen Sorgen und Zweifel über die Sicherheit genetisch modifizierter Lebensmittel.

Die ersten sicheren Spuren der Domestizierung von Pflanzen und Tieren stammen aus der Zeit zwischen 10.000 bis 8000 v. Chr., als das Jagen und Sammeln durch den saisonbedingten Anbau von Pflanzen und später die intensive Felderwirtschaft abgelöst wurde. Dieser Prozess wird als neolithische Revolution bezeichnet und manifestierte sich unabhängig voneinander zu verschiedenen Zeiten in verschiedenen Orten. Die ersten Funde stammen aus dem Nahen Osten und belegen die Domestizierung von Hunden (gezähmten Wölfe) im Gebiet des heutigen Israel um 10.000 v.Chr. An der gleichen Stelle folgte ca. 8000 v. Chr. die Domestizierung von Pflanzen (Weizen, Hafer, Reis, Gerste) sowie Schafen und Ziegen. Die gleichen Entwicklungen gab es später in Ostasien und Afrika und zuletzt auf dem amerikanischen Kontinent. Die neolithische Revolution war die Voraussetzung dafür, dass Menschen dauerhaft an einem Ort leben konnten. Diese Sesshaftigkeit führte zu Bevölkerungswachstum, weil die Zeit zwischen Geburten verkürzt werden konnte, was wiederum die Fruchtbarkeit erhöhte. Die Entwicklung der Landwirtschaft war eine allmähliche Transformation über Tausende von Jahren hinweg. Bevölkerungswachstum, technischer Fortschritt (zum Beispiel Spindel und Webstuhl), Textilien und Keramik bahnten den Weg zur Entstehung der frühesten Städte, die im Nahen Osten um 3500 v. Chr. entstanden.

VERWANDTE THEMEN
Siehe auch
WERKZEUGE
Seite 18

FEUER
Seite 20

GENETISCHE MODIFIKATION
Seite 142

3-SEKUNDEN-BIOGRAFIE
NIKOLAI IWANOWITSCH VAVLOV
1887–1943
Russischer Botaniker und Genetiker, er erforschte den Ursprung von Nutzpflanzen.

RACHEL CARSON
1907–1964
Amerikanische Meeresbiologin und Umweltschützerin, die in ihrem Bestseller *Silent Spring* (1962) vor den katastrophalen Folgen von Schädlingsbekämpfungsmitteln warnte und damit eine weltweite Umweltschutzbewegung initiierte.

30-SEKUNDEN-TEXT
Djuke Veldhuis

Seit Jahrtausenden domestizieren wir Menschen Pflanzen und Tiere, um unsere Bedürfnisse zu erfüllen.

NIEDERLASSUNGEN
30-Sekunden-Anthropologie

Obwohl schon die paläolithischen und mesolithischen Jäger und Sammler zeitweilige Unterkünfte bauten, finden sich die ersten permanenten Niederlassungen erst in neolithischer Zeit. Damals fingen Menschen an, Landwirtschaft zu betreiben, so dass sie sich kontinuierlich mit Nahrungsmitteln versorgen konnten. Von da an erhöhte sich die Zahl, Diversität und Größe dauerhafter Niederlassungen. Ab dem 4. Jahrtausend v. Chr. entstanden die ersten Städte, wahrscheinlich in Uruk in Mesopotamien, sowie neue Formen politischer Organisation: Staaten, die später die Welt beherrschen sollten. Die Beziehung zwischen Urbanisierung und Staat war entscheidend für die Struktur späterer Niederlassungen. Durch Handel, Eroberungen, Imperialismus und vor allem durch den Aufstieg des Römischen Reichs entstanden auch an anderen Orten große Städte, wie etwa Rom im 1. Jahrhundert n. Chr. oder Konstantinopel (jetzt Istanbul) im 6. Jahrhundert. Diese Großstädte wurden zu Zentren von internationalem Handel und industrieller Produktion, was wiederum ihre Einwohnerzahl, Größe und Globalisierung wachsen ließ. Trotzdem lebt die Mehrheit der Menschen erst seit dem vorigen Jahrhundert in Städten und nicht mehr auf dem Land.

3-SEKUNDEN-URSPRUNG
Mit dem Bau von Niederlassungen schaffte sich der Mensch einen Rahmen für das tägliche Leben. Die meiste Zeit ihrer Geschichte wanderten die Menschen allerdings umher.

3-MINUTEN-INFO
Die Notwendigkeit, Informationen auszutauschen (durch Reisen) und zu verarbeiten, begrenzte die Größe von Niederlassungen. Ist durch die rasante Beschleunigung von Information und Kommunikation das Wachstum von Weltstädten inzwischen grenzenlos geworden? Oder wird es durch Umweltfaktoren begrenzt? Wahrscheinlich gibt es einen maximalen Umfang, über den hinaus das Wachstum von Städten nicht mehr funktioniert. Es fragt sich jedoch, wie sich dieser Umfang bestimmen lässt, und wie nahe die größten Städte des 21. Jahrhunderts ihm schon gekommen sind.

VERWANDTE THEMEN
Siehe auch
HOMO SAPIENS
Seite 24

HANDEL
Seite 100

GLOBALISIERUNG
Seite 148

3-SEKUNDEN-BIOGRAFIE
KONSTANTIN DER GROSSE
272–337 n. Chr.
Dieser römische Kaiser machte die griechische Handelskolonie Byzantium zu seiner Hauptresidenz. Konstantinopel, wie Byzantium später genannt wurde, sollte über 1000 Jahre lang Hauptstadt des Römischen Reiches bleiben.

WILLIAM KENNETT LOFTUS
1820–1858
Englischer Geologe und Archäologe, entdeckte 1849 die alte sumerische Stadt Uruk.

30-SEKUNDEN-TEXT
Ken Dark

Ein Zuhause ist heute zentraler Bestandteil des Mensch-Seins. Trotzdem fing die Entwicklung dauerhafter menschlicher Niederlassungen erst vor ca. 12.000 Jahren an.

7. April 1884
Geboren und aufgewachsen in Krakau, Polen in einer kultivierten akademischen Familie.

1908
Absolviert das Studium der Wissenschaft und Philosophie an der Jagiellonen-Universität in Krakau.

1910
Besucht Kurse an der London School of Economics (LSE), seit 1913 als Doktorand.

1914
Besucht als Sekretär der Sektion H der British Association for the Advancement of Science Australien.

1914–1918
Forschungsarbeiten in Papua-Neuguinea, seit 1916 auf den Trobriand Inseln.

1922
Veröffentlicht *Argonauts of the Western Pacific*.

1923
Kehrt an die LSE zurück und wird Dozent für Anthropologie.

1927
Wird Professor für Anthropologie an der LSE.

1938
Reist für ein Sabbatjahr in die USA.

1939
Wird Gastprofessor an der Yale University.

1942
Wird zum Professor für Anthropologie an der Yale University ernannt.

16. Mai 1942
Stirbt an einem Herzinfarkt.

BRONISLAW MALINOWSKI

Bronislaw Malinowski hatte in England großen Einfluss auf die Entstehung der modernen Anthropologie als Universitätsstudium. Malinowski wurde in Polen geboren und promovierte in Krakau über Wissenschaftsphilosophie. Weil er sich stark für Anthropologie interessierte, immatrikulierte er sich danach an der London School of Economics.

Malinowski war ein hochbegabter Forscher und entwickelte seine Theorien in Papua Neuguinea, wo er 1914 im Auftrag der British Society for the Advancement of Science hinreiste. Nach Ausbruch des Ersten Weltkriegs verhinderte Malinowskis österreichische Staatsangehörigkeit, dass er nach England zurückkehren konnte. Während dieser Zeit forschte er weiter auf den Trobriand-Inseln und veranstaltete nach seiner Rückkehr nach London ein Postgraduiertenseminar, das interessierte Studenten aus der ganzen Welt anzog.

Malinowski betonte die Bedeutung von Sprachforschung für die empirische Erforschung fremder Kulturen. Wissenschaftler sollten wachsam sein, dass sie die Vergangenheit nicht nach modernen Kategorien, die dem adäquaten Verständnis von Vergangenheit im Wege stünden, untersuchen. Außerdem vertrat Malinowski eine Art Funktionalismus – die Idee, dass alles Gesellschaftliche miteinander zusammenhängt – wobei er soziale Institutionen auf biologische Notwendigkeiten zurückführte. Diese Theorie legte er in mehreren Büchern über die Trobriand-Inseln dar, von denen *Argonauts of the Western Pacific* (1922) das berühmteste ist.

Malinowski war ein begabter Lehrer, der mit seinen Studenten über seine Theorien und Gedanken diskutierte. Viele Besucher seiner Seminare wurden später führende Anthropologen: Raymond Firth übernahm seinen Lehrstuhl an der LSE, Meyer Fortes lehrte an der Universität Cambridge und Edvard Evans Pritchard wurde Professor für Sozialanthropologie in Oxford.

Der Einfluss Malinowskis auf die Anthropologie gilt als revolutionär, weil er Anthropologie neu definierte und eine Methode entwickelte, die sich auf einfache Weise vermitteln und befolgen ließ, zumindest in Theorie. Trotzdem wurde seine funktionalistische Theorie nicht überall übernommen. Malinowski ist deshalb wohl eher – zusammen mit Alfred Radcliffe-Brown – als Begründer der sozialen Anthropologie zu sehen, die in England und Europa in der zweiten Hälfte des 20. Jahrhunderts großen Einfluss gewinnen sollte.

David Shankland

LINGUISTIK

30-Sekunden-Anthropologie

Jede menschliche Gesellschaft

hat ihre eigene Sprache. Obwohl alle Sprachbeherrschung die gleichen kognitiven Kapazitäten voraussetzt, ist die weltweite Diversität an Sprachen atemberaubend. Die Techniken und Theorien der linguistischen Anthropologie wurden im Zuge der vergleichenden Sprachanalyse entwickelt. Die linguistischen Anthropologen erforschen ein weites Feld, von den Sprachklängen bis hin zu den Regeln, die Gebrauch, Kombinationen und Variationen in Stilen und Dialekten bestimmen. Während die frühen linguistischen Anthropologen fremde Sprachen vor allem zu dokumentieren und erhalten suchten, beschäftigt man sich heute auch mit Dialekten, Sozialisation, Zeichensprache und sogar mit Gesten. Als Beispiel sei das Japanische genannt, das in besonderem Maße kontextabhängig ist. Im Japanischen wird das Subjekt oft weggelassen, stattdessen werden passive Konstruktionen verwendet. So vermeidet man Kontroversen. Stattdessen deutet der Sprecher mittels subtiler Veränderung seiner Tonlage der Beziehungsaspekt an, also das Geschlecht, Alter und den Status der Sprecher zueinander. Japanisch sprechen erfordert also mehr als nur die Beherrschung von grammatikalischen Regeln, es verlangt auch die Wahrnehmung eines kulturellen Kontextes, in dem Empathie und subtile Statusandeutungen eine sehr wichtige soziale Funktion haben.

3-SEKUNDEN-URSPRUNG
Die linguistische Anthropologie studiert sprachliche Strukturen und ihre Verwendung.

3-MINUTEN-INFO
Die Semantik erforscht und vergleicht Wortbedeutungen in unterschiedlichen Sprachen. Linguistische Anthropologen wie Anna Wirzbicka haben Dutzende von Sprachen miteinander verglichen und fanden eine kleine Zahl sogenannter semantischer Primitiva: Basale Wörter, die nicht mit anderen Worten erklärt werden können. Diese Wörter bilden gleichsam eine Metasprache, die in praktisch allen Sprachen existiert und als universales Lexikon genaue Übersetzungen und Vergleiche zwischen Kulturen ermöglicht.

VERWANDTE THEMEN
Siehe auch
SPRACHE
Seite 82

SYMBOLE
Seite 84

3-SEKUNDEN-BIOGRAFIE
DELL HYMES
1927–2009
Amerikanischer Anthropologe, verwendete die Begriffe „kommunikative Kompetenz" und „Sprachgemeinschaft" zur Analyse der Bedeutung von Sprache für die Struktur sozialer Beziehungen.

ANNA WIERZBICKA
1938–
Polnische Linguistin, forschte zur interkulturellen Linguistik.

30-SEKUNDEN-TEXT
Jason Danely

Die Linguistik hilft uns zu verstehen, wie Sprache unsere Art zu denken, kommunizieren und interagieren geschaffen hat.

SPRACHE
30-Sekunden-Anthropologie

Parallel mit der Entwicklung von

Stimme und Gehirn wuchs die menschliche Fähigkeit, Erfahrungen mit anderen auszutauschen. Unser Gehirn ist ein Meister darin, die Gedanken anderer zu entschlüsseln. Da sich Sprache gleichzeitig mit sozialer Kooperation entwickelte, kann man zwischen den Anfängen sprachlicher und kultureller Entwicklung kaum unterscheiden. Beides wird irgendwann im mittleren Paläolithikum angesetzt. Sprache und Kultur werden in der Regel als erlernte Systeme beliebiger Symbole definiert, deren Gebrauch das Wissen über die Welt so codiert, dass es mit anderen Menschen gemeinsam genutzt werden kann. Beide Systeme sind extrem anpassungsfähig. Heute sind mehr als 7000 Sprachen bekannt. Die höchste Sprachdichte auf der Welt hat die Insel Papua-Neuguinea: Die ungefähr 7 Millionen Einwohner sprechen insgesamt mindestens 820 Sprachen (keine Dialekte!). Die meisten Papuas sprechen außerdem Tok Pisin, eine Sprache ohne Muttersprachler, die als Verständigungsmittel zwischen den unterschiedlichen Sprachgemeinschaften fungiert. Eine Pidgin-Sprache, die sich zu einer echten Sprache entwickelt, wird als Kreolsprache bezeichnet. Durch die Interaktionen von Sprechern aus verschiedenen Sprachgemeinschaften sind viele Sprachen ausgestorben und entstanden neue gemischte Sprachen und einzigartige Sprachgemeinschaften.

3-SEKUNDEN-URSPRUNG
Sprache ist etwas ausschließlich Menschliches. Sie ist für uns die primäre Art Dinge zu lernen und miteinander in Bezug zu setzen. Durch Anpassung gibt es eine große Diversität an Sprachen.

3-MINUTEN-INFO
In der schottischen Sprache gibt es mindestens 421 Worte für Schnee, zum Beispiel *flindrikin* (leichter Schneeschauer) und *skelf* (großer Schneeflocken). Aber heißt das, dass die Schotten das Wetter anders wahrnehmen als wir? Die Sapir-Whorf-Hypothese – benannt nach den Wissenschaftlern Edward Sapir und Benjamin Whorf – postuliert einen Zusammenhang zwischen Sprache und Denken. Ein reicher Wortschatz hilft uns nicht nur unsere Welt zu beschreiben, sondern gestaltet sie so, dass sie für Andersprachige nicht ohne weiteres erkennbar ist.

VERWANDTE THEMEN
Siehe auch
LINGUISTIK
Seite 80

SYMBOLE
Seite 84

3-SEKUNDEN-BIOGRAFIE
EDWARD SAPIR
1884–1939
Amerikanischer Anthropologe, der die Sprache der Omaha und Crow erforschte. Er zeigt, dass unterschiedliche Sprachen nicht einfach andere Labels für eine gemeinsame Realität sind, sondern dass Sprachen ihre eigenen Realitäten schaffen.

BENJAMIN WHORF
1897–1941
Amerikanischer Linguist, entwickelte zusammen mit seinem Mentor Edward Sapir das Prinzip der „linguistischen Relativität".

30-SEKUNDEN-TEXT
Jason Danely

Sprache ist zentral für unser Weltverständnis. Können wir überhaupt denken, ohne Wörter zu besitzen, mit denen wir Ideen, Objekte und Erfahrungen ausdrücken?

SYMBOLE
30-Sekunden-Anthropologie

Als der französische Schriftsteller

Marcel Proust einmal einen in Tee getauchten Madeleine-Keks aß, löste dessen Geschmack so viele Erinnerungen bei ihm aus, dass er sie schließlich zu einem siebenteiligen Roman verarbeitete (*Auf der Suche nach der verlorenen Zeit*). Dieses Werk handelte natürlich nicht von der *Madeleine* als solche, sondern von ihrer Symbolkraft für die Vergangenheit, als Kristallisationspunkt von Erinnerungen und Assoziationen. Symbole sind Objekte, Bilder, Klänge oder Darstellungen, die im Rahmen eines bestimmten Kontexts für etwas anderes stehen. Einige Anthropologen, wie etwa Clifford Geertz, haben sich mit der Komplexität von Symbolen und ihrer Vergänglichkeit befasst, vor allem aber damit, wie sie Menschen helfen, dem Leben Sinn zu geben. Um Symbole interpretieren zu können, muss der Anthropologe den Kontext und die Assoziationen kennenlernen, die mit dem Symbol verbunden werden, denn ihre Kraft beruht auf der Fähigkeit, viele Bedeutungen auf sich zu ziehen (sogar widersprüchliche) und diese mit einer Unmittelbarkeit zu kommunizieren, die wir (zumindest teilweise) unbewusst wahrnehmen.

Im Verlauf der Geschichte haben sich Menschen in Krieg und Frieden immer wieder hinter Symbolen versammelt. Das Bild einer Kirschblüte kann mehr als nur eine Blüte darstellen, sondern auch als Symbol für Leben, Tod, Jugend, Nation und Heimat. Für einen japanischen Kamikazepiloten im Zweiten Weltkrieg hatte dieses Symbol sogar tödliche Kraft.

3-SEKUNDEN-URSPRUNG
Wenn man unser unstillbares Bedürfnis, uns und unserer Welt Sinn zu geben, verstehen will, genügt es die Symbole zu betrachten, die wir für die Dinge verwenden.

3-MINUTEN-INFO
Ekstatische Gläubige in Kataragama auf Sri Lanka lassen ihre Haare verfilzen, gehen über Feuer, durchbohren Körperteile und kasteien sich auf noch andere Weisen. Hiermit symbolisieren sie sowohl ihren Glauben als auch ihren inneren psychischen Kampf. Die Symbole verbinden diese beiden Welten, sie geben den Gläubigen einen eigenen tiefen Ort und lindern zugleich ihre Schmerzen.

VERWANDTE THEMEN
Siehe auch
RITUAL UND ZEREMONIE
Seite 86

CLIFFORD GEERTZ
Seite 102

GLAUBE UND RELIGION
Seite 114

3-SEKUNDEN-BIOGRAFIE
CLIFFORD GEERTZ
1926–2006
Amerikanischer Anthropologe, der Kultur als ein System von Symbolen und Bedeutungen definierte, das von der Ethnographie zu interpretieren ist.

GANANATH OBEYESEKERE
1930–
Psychologischer Anthropologe aus Sri Lanka, der die Beziehungen zwischen sichtbaren Symbolen bei öffentlichen Ritualen und dem inneren Leben der Betroffenen offenlegte.

30-SEKUNDEN-TEXT
Jason Danely

Die Kirschblüte und der Mohn lösen eine geistige und emotionale Reaktion bei denen aus, die ihre tiefe Bedeutung kennen.

RITUAL UND ZEREMONIE

30-Sekunden-Anthropologie

Der französische Ethnologe

Arnold van Gennep betonte die Kraft und Funktion von Ritualen und prägte dafür den bekannten Ausdruck Übergangsriten. Ein Ritual definierte er als einen Zustand von Unbestimmtheit, der es ermöglicht, von einer Phase in eine andere überzugehen. Man nehme das Ritual des Studienabschlusses. Zu Beginn sind die Studenten noch Diplomanden, aber nachdem der Universitätsrektor in einer öffentlichen Zeremonie seine Hände aufgelegt hat, werden die Diplomanden zu Absolventen und gelangen damit in eine neue Lebensphase. Emile Durkheim definierte Rituale als Handlungen, bei denen soziale Ordnung durch kollektives Handeln vermittelt wird. Sinnliche Erfahrungen in der Zeremonie – Musik, Geruch, Aussehen – vermitteln ihren Teilnehmern den Inhalt, der außerdem auch symbolisch oder sprachlich durch einen liturgischen Text oder eine Rede vermittelt werden kann. Ein anderer Anthropologe, Edmund Leach, betonte den Aspekt, dass Rituale oft den Gründungsmythos einer Gesellschaft reflektieren oder inszenieren. Der Treueeid in den USA, der schon den Schulkindern vertraut ist und auch von neuen amerikanischen Staatsbürgern bei der Naturalisierung ausgesprochen wird, stellt eine ritualisierte Nacherzählung der Gründung der Vereinigten Staaten dar und er erinnert an die historischen Kämpfe der Gründerväter.

3-SEKUNDEN-URSPRUNG
Rituale und Zeremonien sind ein zentraler Bestandteil unseres sozialen Lebens: Hochzeiten, Beerdigungen, Krönungen, religiöse Zeremonien oder Zeremonien, die Jahreszeiten einleiten oder abschließen usw.

3-MINUTEN-INFO
Die Rituale und Zeremonien, die uns durchs Leben begleiten, repräsentieren für uns Dauer und Geschichte. Historisch betrachtet sind sie aber ständig in Veränderung begriffen: Sie überschreiten kulturelle Grenzen, übernehmen Elemente voneinander und konkurrieren miteinander. So war im mittelalterlichen Westeuropa die staatliche Hochzeit noch unbekannt und genügte eine einfache mündliche Vereinbarung vor Verwandten, Freunden und Nachbarn.

VERWANDTE THEMEN
Siehe auch
GLAUBE UND RELIGION
Seite 114

IDENTITÄT
Seite 116

3-SEKUNDEN-BIOGRAFIE
EMILE DURKHEIM
1858–1917
Französischer Intellektueller. Mit seinem Fokus auf die Erforschung kollektiven sozialen Lebens und gesellschaftlicher Institutionen wurde er zum Gründer der Soziologie.

ARNOLD VAN GENNEP
1873–1957
Französischer Folkloreforscher und Ethnograph, vor allem durch sein Werk *Übergangsriten* bekannt.

EDMUND LEACH
1910–1989
Englischer Sozialanthropologe, Ethnograph in Myanmar (Birma) und Sri Lanka. Führte den Strukturalismus in England ein.

30-SEKUNDEN-TEXT
David Shankland

Überall auf der Welt markieren Zeremonien und Rituale die Phasen des Lebens und das Vergehen der Zeit.

DER TOD

30-Sekunden-Anthropologie

Zwischen Sterben und Tod liegen

Welten. Obwohl wir strikt genommen schon zu sterben beginnen, bevor wir geboren sind, ist dieser Gedanke doch etwas pedantisch. Das Sterben als Prozess flößt uns mehr Angst ein als alle anderen Dinge im Leben, weil es zum unbekannten Bereich des Todes führt, von dem niemand zurückkehrt. Für einen Organismus ist der Tod ein einmaliges Ereignis. Zellen sterben jeden Tag ab und werden ersetzt. Wenn jedoch Organe zu funktionieren aufhören und „sterben", kann der Organismus ohne medizinische Hilfe nicht mehr weiterleben. Die Tatsache, dass ein Organismus im technischen Sinne tot sein kann, Zellen, Organe und Gewebe dagegen von einer Maschine am Leben erhalten werden, ist ein typisch modernes Phänomen, das die menschliche Erfindungskraft sowie seine Entschlossenheit zeigt, das Sterben aufzuhalten. Der Tod wird normalerweise durch das Fehlen dreier körperlicher Lebensfunktionen festgestellt: Herzschlag, Atmung und Gehirnaktivität. Die Differenz zwischen dem physischen Tod und seiner spirituellen Dimension erklärt die enorme Faszination dieses Themas.

3-SEKUNDEN-URSPRUNG
Der Tod ist die letzte Grenze und unvermeidlich, ohne dass ein Mensch weiß, ob etwas danach kommt und wenn ja, was.

3-MINUTEN-INFO
Der Tod ist nicht nur ein physisches und spirituelles Erlebnis, sondern auch ein soziales Ereignis und oft Mittelpunkt einer lukrativen Industrie. Die Rituale und die Art, wie mit sterblichen Überresten umgegangen wird, sind ein wichtiger Bestandteil menschlicher Gemeinschaften. Nie wurde der Tod mit mehr tiefer Feierlichkeit, Pomp und Zeremonien umgeben wie in der Viktorianischen Zeit. Das Ereignis wurde damit zum strahlenden Höhepunkt für jeden – sogar für den Verstorbenen.

VERWANDTE THEMEN
Siehe auch
RITUAL UND ZEREMONIE
Seite 86

GLAUBE UND RELIGION
Seite 114

3-SEKUNDEN-BIOGRAFIE
KÖNIGIN VICTORIA
1819–1901
Diese verwitwete Monarchin definierte den Tod als eine Kunst (*Ars moriendi*) und das Trauern als Kultur.

30-SEKUNDEN-TEXT
Sue Black

Unser Umgang mit dem Tod ist mehr als das Aufzeichnen von Signalen des sterbenden Körpers.

KUNST UND ARTEFAKTE

30-Sekunden-Anthropologie

Kunst und Artefakte sind Produkte

menschlicher Kreativität, Erfindungskraft und Könnerschaft. Wir bewahren sie auf und reichen sie weiter, damit sie erzählen, wer wir sind und was uns wichtig ist. Schon alltägliche Artefakte, wie ein Kamm oder eine Glasperle, besagen nicht nur etwas über unser Leben, sondern auch über die Art, wie wir ihm Sinn geben. In Kunstwerken erweitern wir den Schaffensprozess vom Praktischen in den Bereich der Fantasie, wo wir Träumen Form geben können und Geschichten darüber schreiben, wer wir sind oder sein könnten. Die frühesten Beispiele paläolithischer Kunst sind lebensähnliche Kopien aus der Natur, die aber gleichzeitig voller Exotik und Mystik sind, und die belegen, dass die Menschen schon damals originelle und abstrakte Ideen zum Ausdruck brachten. Nachdem soziale Organisationen komplexer wurden und Künstler über mehr Zeit und Ressourcen verfügten, wurde die Kunst zu einem ideologischen Werkzeug mächtiger politischer und religiöser Führer und Gruppen. Von den Azteken bis zum Römischen Reich versahen Künstler Herrscher mit einer göttlichen Aura. Heute sehen die Anthropologen die dynamische Interaktion zwischen der emotionalen, ideologischen und wirtschaftlichen Kraft der Kunst vor allem in ihren neuen digitalen Formen, die sich weltweit in Form von zum Beispiel *Mashups* und *Remixes* manifestieren. In all diesen Formen erzählt uns Kunst auch weiterhin Geschichten über das kreative Individuum und die Ästhetik seiner Kultur.

3-SEKUNDEN-URSPRUNG
Von den Höhlenmalereien bis zum Smartphone gestalten wir Menschen unser Leben durch Kunst und Artefakte.

3-MINUTEN-INFO
Seit Anfang der Kolonialzeit im 16. Jahrhundert bis zur Mitte des 20. Jahrhunderts gab es großes Interesse für exotische Kunst und Antiquitäten. Dies regte die dortigen Künstler dazu an, derartige Objekte für diesen Markt zu produzieren und damit neue „traditionelle" Formen von Kunst zu schaffen. Die Herstellung bedeutungsvoller oder sogar heiliger Kunst für den kommerziellen Verkauf wird oft kritisiert. So betreiben die Aborigines in Australien einen lukrativen Handel mit farbenfrohen „Traumbildern", was allerdings häufig zur Kritik führt, dass sie damit zu viele Geheimnisse ihrer Kultur preisgäben.

VERWANDTE THEMEN
Siehe auch
HANDWERK
Seite 66

SYMBOLE
Seite 84

3-SEKUNDEN-BIOGRAFIE
FRANZ BOAS
1858–1942
Deutsch-amerikanischer Anthropologe, erkannte als einer der ersten die Bedeutung „primitiver" Kunst.

ALFRED GELL
1945–1997
Englischer Sozialanthropologe, führte ästhetische und semiotische Ansätze in die Anthropologie ein und entwickelte seine *Technology of Enchantment* über die soziale Funktion von Kunst.

30-SEKUNDEN-TEXT
Jason Danely

In der Kunst treffen sich Realität und Imagination und schaffen Menschen Objekte aus Welten von Fantasie und Materie.

WARUM KÜMMERN WIR UNS?

30-Sekunden-Anthropologie

Jeder von uns hat die Erfahrung gemacht, dass man sich um ihn kümmert und jeder hat sich auch schon einmal um andere gekümmert. Schaut man etwas genauer hin, sieht man schnell, wie komplex dieser Vorgang ist. Im Vergleich zu nichtmenschlichen Primaten können wir Menschen besser die Gedanken anderer erraten und uns in sie hineinversetzen. Diese Fähigkeit zur Empathie entwickelte sich sehr früh, schon vor 1,7 Millionen Jahren kümmerte man sich um Kranke und Schwache! Wäre in unserer Evolution brutale Kraft der wichtigste Faktor gewesen, hätten wir nicht die sprachlichen und kooperativen Fähigkeiten entwickelt, die sich als entscheidend für unser Überleben herausgestellt haben. Menschen würden ihre langjährige kindliche Abhängigkeit – länger als bei jedem anderen Säugetier – nicht überleben, wenn sie sich nicht um andere kümmerten – dies im Gegensatz zu unseren frühesten Vorfahren. Heute kümmert man sich in jeder Gesellschaft um Junge, Alte, Kranke und Hungrige. Dies geht einher mit Gebräuchen und Traditionen, die Empathie, Liebe und Verbundenheit kultivieren. Diese prosozialen Gefühle, die weit in unsere menschliche Vergangenheit zurückgehen, sind die Basis für das sich gegenseitige Beschenken und Bewundern, für Verwandtschaft und Verbundenheit, Religion und Kunst.

3-SEKUNDEN-URSPRUNG
Was uns zu Menschen macht, ist die Art, wie wir uns umeinander kümmern.

3-MINUTEN-INFO
Die amerikanische Biologin und Anthropologin Sarah Blaffer Hrdy beobachtete, dass Menschen sich *alloparental* verhalten: Sie kümmern sich um die Nachkommen aus ihrer Gruppe, unabhängig davon, ob sie die Eltern sind. Das Pflegebedürfnis, das uns überfällt, wenn wir kleine Kinder sehen, hören oder auch nur riechen, kann man der Evolution dieses Phänomens zuschreiben. Interkulturelle Forschung über die Pflege menschlichen Nachwuchses unterstützt Hrdys Theorie, indem sie zeigt, dass – weltweit betrachtet – es am wenigsten wahrscheinlich ist, dass gerade die Eltern sich um ihre kleinen Kinder kümmern.

VERWANDTE THEMEN
Siehe auch
VERWANDTSCHAFT
Seite 124

PAUL FARMER
Seite 144

3-SEKUNDEN-BIOGRAFIE
ARTHUR KLEINMAN
1941–
Amerikanischer medizinisch-psychologischer Anthropologe, dessen persönliche Erfahrungen – die Pflege seiner dementen Frau – zu seinen Theorien über menschliche Pflege als ein basales, moralisches, existenzielles und universelles Phänomen führten.

SARAH BLAFFER HRDY
1946–
Amerikanische biologische Anthropologin, sie wandte Erkenntnisse aus der Primatologie und evolutionären Psychologie auf die Bedeutung von Frauen für die menschliche Evolution an.

30-SEKUNDEN-TEXT
Jason Danely

Menschliche Gesellschaften sind davon abhängig, dass ihre Mitglieder sich umeinander kümmern.

MIGRATION

MIGRATION
GLOSSAR

Berliner Mauer Sie wurde am 13. August 1961 von der kommunistischen DDR gebaut, um Ostberlin von Westberlin zu trennen. Im November 1989 führten Aufstände in Ostdeutschland zu ihrer Öffnung, was den Weg zur deutschen Wiedervereinigung am 3. Oktober 1990 frei machte.

Bronzezeit Periode, in der Bronze gewonnen und bearbeitet wurde, die ersten Schriftsysteme entstanden und große Städte gebaut wurden. Im Mittleren Osten wird sie auf ungefähr 3300 bis 1200 v. Chr. angesetzt, in Europa auf 3200 bis 600 v. Chr.

Dichte Beschreibung Eine Erklärung menschlichen Verhaltens, die auch den Kontext dieses Verhaltens berücksichtigt.

Eigengruppe und Fremdgruppe Eine Form der Günstlingswirtschaft gegenüber Mitgliedern der eigenen Gruppe, wie das berühmte „Old boys network". Dieser soziale Mechanismus kann bewusst und unbewusst funktionieren.

Humanismus Der Humanismus geht davon aus, dass Menschen dank ihrer Vernunft das Leben der Menschheit verbessern können. Er ist oft atheistisch und wissenschaftlich orientiert.

Indigen Dieser Begriff bezeichnet die frühesten Bewohner eines Gebiets und ihre lebenden Nachkommen.

Kulturanthropologie Die Erforschung kultureller Variation in menschlichen Gruppen, meistens durch partizipierende Beobachtung und Feldstudien.

Kulturmaterialismus Anthropologische Theorie, die in den 60er und 70er Jahren von Marvin Harris entwickelt wurde. Die Kulturmaterialisten behaupten, dass kulturelle Vielfalt auf unterschiedliche materielle Voraussetzungen zurückzuführen sei. Gesellschaften passten sich durch „Trial and Error" ihrer Umwelt an, was nicht nützlich ist, überlebe nicht.

Neandertaler Eine fortgeschrittene Art Hominini, die vor ungefähr 250.000 bis 30.000 Jahren in Europa und Asien lebte. Die Neandertaler kreuzten sich mehrere Male mit modernen Menschen. Der Grund ihres Aussterbens bleibt eine der faszinierenden Fragen der menschlichen Evolution.

Neolithikum Das Neolithikum begann vor ungefähr 10.000 Jahren im Mittleren Osten und kennzeichnete sich durch Landwirtschaft und den Gebrauch sekundärer Produkte aus Nutztieren, wie Häute und Milch.

Postkolonialismus Allgemeiner Begriff für die Erforschung der Folgen kolonialistischer und imperialistischer Politik (meist) europäischer Großmächte auf die indigene Bevölkerung der kolonisierten Länder.

Push- und Pull-Faktoren Faktoren, die die menschliche Wirtschaftsmigration beeinflussen. Push-Faktoren werden meistens negativ definiert, wie zum Beispiel Arbeits- und Perspektivlosigkeit oder Krieg. Pull-Faktoren bilden den Anreiz zur Migration, wie bessere Lebensqualität und Beschäftigungsaussichten.

Spieltheorie Die Spieltheorie verwendet mathematische Modelle, um zu untersuchen, wie Entscheidungen von Individuen oder Gruppen auf der Grundlage relativer Vorteile oder Kosten getroffen werden. Im „Feiglingsspiel" geht es zum Beispiel darum, dass ein Spieler belohnt wird, wenn der andere aufgibt. Die Handlungen eines Spielers hängen vom Verhalten des anderen ab.

NAVIGATION
30-Sekunden-Anthropologie

Wenn man weiß, wie Menschen, die noch nicht über fortgeschrittene Technologie verfügten, sich ihre Umgebung vorstellten, wie sie sich orientierten und navigierten, versteht man viel mehr von ihrer Kultur. Als zu Beginn des 16. Jahrhunderts Europäer mit den polynesischen Inselbewohnern im Pazifik in Kontakt kamen, waren bereits so gut wie alle polynesischen Inseln besiedelt. Niederländische Forschungsreisende berichteten von Segelbooten in Tonga, und Captain James Cook berichtete über Hunderte von Segelbooten auf Tahiti und Hawaii, mehr als 3000 km entfernt. Französische Forscher nannten das heutige Samoa voller Bewunderung die „Navigator-Inseln". Wir wissen heute, dass polynesische Seefahrer die (zurückgelegten) Entfernungen anhand der eingeschlagenen Richtung und der auf dem Meer verbrachten Zeit bestimmten: die sogenannte Koppelnavigation. Außerdem orientierten sie sich an Sternen und sie benutzten die Windrose, um regelmäßig vorkommende Winde und Windrichtungen graphisch darzustellen. Neuere ethnographische und genetische Analysen belegen, dass alle Polynesier eine gemeinsame Herkunft teilen, obwohl manche ihrer Inseln 10.000 km auseinander liegen. Dies zeigt, dass sie zielbewusst navigierten und wahrscheinlich auch den amerikanischen Kontinent schon lange vor den Europäern erreichten.

3-SEKUNDEN-URSPRUNG
Navigation ist die Kunst, Personen, Schiffe, Fahrzeuge oder Raumschiffe von einem Ort zum anderen zu bringen, und dazu Position, Entfernung und Kurs richtig einzuschätzen.

3-MINUTEN-INFO
Das Volk der Lapita, Vorfahren der Polynesier und der heutigen Bewohner der Pazifikinseln, segelte vor ca. 5000 Jahren vor den Küsten Neuguineas. Vor 3000 Jahren erreichten sie die Solomon-Inseln und fuhren danach immer weiter östlich. Ihre Navigatoren konnten dank ihrer Kenntnisse von Sternen, Strömungen, Ozean und Himmel Tausende von Kilometern offenen Ozean überqueren. Dieses Wissen wurde mündlich weitergegeben, denn Karten oder Sextanten waren damals noch unbekannt.

VERWANDTE THEMEN
Siehe auch
BRONISLAW MALINOWSKI
Seite 78

HANDEL
Seite 100

GRENZEN
Seite 104

3-SEKUNDEN-BIOGRAFIE
FERDINAND MAGELLAN
1480–1521
Portugiesischer Entdecker, Seemann und Navigator, umsegelte 1519–1522 als erster die Erde.

THOR HEYERDAHL
1914–2002
Norwegischer Forscher und Ethnograph, vor allem bekannt durch seine Kon-Tiki Segelexpedition (1947) von Südamerika zu den Tuamotu-Inseln. Mit dieser Expedition wollte er beweisen, dass auch frühere Völker dazu imstande gewesen sind, sehr weite Seereisen zu machen.

30-SEKUNDEN-TEXT
Djuke Veldhuis

Wo unsere Vorfahren sich über die Beobachtung der Landschaft orientierten, folgen wir jetzt einfach dem Navigationssystem.

HANDEL
30-Sekunden-Anthropologie

Die frühesten Hinweise auf

Handel – der Austausch von Gütern zwischen zwei oder mehreren geographisch getrennten Orten – stammen aus der neolithischen Zeit. Gegen Ende der Bronzezeit gab es schon komplexe Netzwerke interregionalen Handels, die sich schnell erweiterten. Der Handel über Wasser vergrößerte die Reichweite von Handelsbeziehungen enorm. Schiffsladungen in alten Wracks bieten der Unterwasserarchäologie einzigartige Möglichkeiten, den antiken Handel genauer zu erforschen. Die römischen Handelswege über das Mittelmeer brachten Güter und Menschen aus dem ganzen Reich nach Nordwest-Europa und spielten eine wichtige Rolle bei der Entwicklung europäischer Metropolen, wie zum Beispiel London. Als das Weströmische Reich zusammenbrach, verlagerte sich der Handel im 7. und 8. Jahrhundert auf die Nordsee. Während der Wikingerzeit entwickelten sich Handelszentren in Skandinavien und entlang der großen Flüsse Osteuropas, die sich zu den mittelalterlichen Handelsnetzwerken entwickelten – der Basis unserer heutigen Handelsrouten.

3-SEKUNDEN-URSPRUNG
Das heutige internationale Handelssystem hat sich in Europa schon im ersten Jahrtausend entwickelt und dehnte sich danach durch imperiale Expansion über den ganzen Globus aus.

3-MINUTEN-INFO
Handel wird oft mit Geld – erforderlich um Sachen zu kaufen oder zu verkaufen – assoziiert. Archäologische Forschungen zeigen jedoch, dass Handelssysteme schon lange vor dem Gebrauch von Geld existierten, und dass auch immaterielle Güter gehandelt wurden. Handel findet immer unter moralischen und kulturellen Rahmenbedingungen statt, die letztlich aus Religionen und Wertsystemen abgeleitet werden. Ein deutliches Beispiel hierfür ist im 19. Jahrhundert das Verbot des Sklavenhandels, der in Europa seit dem Mittelalter betrieben wurde.

VERWANDTE THEMEN
Siehe auch
NIEDERLASSUNGEN
Seite 76

NAVIGATION
Seite 98

GLOBALISIERUNG
Seite 148

3-SEKUNDEN-BIOGRAFIE
SIR JAMES LANCASTER
ca. 1554–1618
Kommandant der ersten Handelsreise der East India Company (1591), die sich in den nächsten 250 Jahren zur ersten globalen Handelsgesellschaft entwickeln sollte.

SIR MOSES I. FINLEY
1912–1986
Amerikanischer Altphilologe, der in *The Ancient Economy* neue Einsichten in den historischen Handel und Austausch von Gütern entwickelte.

30-SEKUNDEN-TEXT
Ken Dark

Handel hat sowohl materiellen als auch kulturellen Einfluss auf Gesellschaften, weil nicht nur Güter, sondern auch Ideen ausgetauscht werden.

MER
DITERRAN

23. August 1926
Geboren in San Francisco.

1943
Freiwilliger bei der U.S. Navy, dient zwei Jahre lang.

1946
Besucht das Antioch College mit einem Stipendium des *G.I. Bill*.

1956
Promoviert in Anthropologie am Department of Social Relations an der Harvard University.

1960–1970
Professor für Anthropologie an der University of Chicago.

1970
Professor für Sozialwissenschaft am Institute for Advanced Study in Princeton.

1973
Veröffentlicht „Deep Play: Notes on the Balinese Cockfight" und die Sammlung *The Interpretation of Cultures*, die mit einem Essay über „Dichte Beschreibung" beginnt.

1987
Heiratet seine zweite Frau, Karen Blu, mit der er den Rest seines Lebens verbringt.

1988
Veröffentlicht das aufsehenerregende *Works and Lives: The Anthropologist as Author* in dem er den Schreibstil vier bedeutender Anthropologen analysiert.

2000
Emeritiert als Professor in Princeton.

30. Oktober 2006
Stirbt in Philadelphia, Pennsylvania nach Komplikationen infolge einer Herzoperation.

CLIFFORD GEERTZ

Der 1926 in San Francisco geborene Clifford Geertz diente im Zweiten Weltkrieg in der US Navy und besuchte danach das Antioch College in Yellow Springs, Ohio, wo er Philosophie studierte. Er promovierte in Anthropologie an der Harvard Universität und wurde anschließend Professor für Anthropologie an der Universität in Chicago.

Nach Forschungen über indonesische Kulturen richtete er sich ab Mitte der sechziger Jahre auf Kulturen in Marokko. Von 1970 bis 2000 war er Professor für Sozialwissenschaft am Insititute for Advanced Studies in Princeton.

Berühmt ist die Episode auf Bali (1950), an der Geertz selbst, seine Frau, die Polizei, die Dorfbevölkerung und einige Kampfhähne beteiligt waren. Geertz beobachtete gerade einen illegalen Hahnenkampf auf Bali, als die Polizei eintraf und die Menge auseinandertrieb. Dank der Hilfe der Dorfbewohner konnte Geertz sich in Sicherheit bringen und der Polizei entkommen, was seiner Beziehung zu der Dorfbevölkerung sehr zugute kam.

Dieser Bericht im 1973 erschienenen Essay „Deep Play: Notes on the Balinese Cockfight" ist viel mehr als eine humorvolle Anekdote. Geertz' entschied sich bewusst für eine dynamische Erzählweise über die tatsächlichen Ereignisse vor Ort, anstatt dass er abstrakte soziale Strukturen beschrieb. Er verstand Kultur als eine Sammlung von Texten, die „der Anthropologe über die Schultern derjenigen zu entziffern versucht, denen sie eigentlich gehören".

In Marokko und Indonesien fand Geertz Religionen, Rituale und Kulturen voller Komplexität, Spontanität und Unvorhersehbarkeit. Dass Menschen sich trotzdem zurechtfinden, erklärte er damit, dass sie Geschichten, Symbole und Werte miteinander teilen. Anthropologen sollten deswegen – so Geertz – „dichte Beschreibungen" einer Kultur entwickeln, die das Verhalten von Menschen in ihrem Kontext darstellen.

Geertz war ein faszinierender Geschichtenerzähler, der eine humanistische und ästhetische Sensibilität zeigt, die im scharfen Kontrast zum wissenschaftlichen Ansatz der Kulturmaterialisten stand. In der Zeit nach Vietnam und der Kolonialzeit, in der viele die bestehende gesellschaftliche Ordnung in Frage stellten, faszinierte dies viele Studenten.

Im Mittelpunkt standen jetzt die Marginalisierten und Unterdrückten und deren dichte Beschreibung. Diese Veränderung der Zielsetzungen der kulturellen Anthropologie ist zu großen Teilen Geertz zu verdanken. Für ihn war Kulturanthropologie nicht „eine experimentelle Wissenschaft auf der Suche nach Gesetzen, sondern eine interpretative Wissenschaft auf der Suche nach Bedeutung."

Jason Danely

GRENZEN
30-Sekunden-Anthropologie

Grenzen, die wir mit Ländern

assoziieren, haben ihren Ursprung im Tierreich, wo territoriales Verhalten entscheidend für Reproduktion und Überleben ist. Dabei sind zwei Aspekte von Bedeutung: Wettbewerb und die Verteidigung von Ressourcen. Eine erfolgreiche Verteidigung bedeutet Nahrung, Partner und Schutz. Die Markierung eines Territoriums durch zum Beispiel Geruchsspuren (Tiger, Huftiere), Rufe (Wölfe, Affen), Posieren (Cichliden), Kontrollgänge (Schimpansen) kostet aber viel Zeit und Energie, und dieser Aufwand muss in Balance mit der Qualität des Territoriums stehen. Dies gilt für Menschen genauso wie für andere Arten. Manche Vögel, wie Schwalben, brauchen nicht einmal ein Territorium zu verteidigen, weil die Insekten, die sie jagen, in großer Menge vorkommen und ihre Verteilung ständig wechselt. Menschen sichern ihr Territorium oft durch physische Barrieren. Seit 1950 ist die Zahl der Grenzbarrieren weltweit stark gestiegen, allerdings nach dem Fall der Berliner Mauer 1989 und der Liberalisierung des Ostblocks vorübergehend zurückgegangen. Im 21. Jahrhundert haben Schmuggel, Terrorismus, illegale Migranten und Flüchtlingsbewegungen dazu geführt, dass die Zahl an Grenzbarrieren wieder zugenommen hat: von 15 im Jahr 2000 auf ca. 70 im Jahr 2016.

3-SEKUNDEN-URSPRUNG
Grenzen sind unsichtbare Linien, die im Konsens oder durch Kriege festgelegt werden. Sie bilden geographische Grenzen, die menschliche Gruppen, Länder oder politische Einheiten voneinander trennen.

3-MINUTEN-INFO
Grenzen sind die Voraussetzung für die Bildung kultureller, politischer und wirtschaftlicher Strukturen. Grenzen sind aber im Grunde genommen willkürlich. Warum sind Menschen trotzdem bereit, für „ihr Land" zu kämpfen? Aus psychologischer Sicht definieren sich Menschen gern über abstrakte Kategorien, wie Freund/Feind, selbst/andere, zivilisiert/unzivilisiert. Diese Konzepte haben eine stark symbolische Bedeutung, in Grenzen manifestieren sie sich aber physisch. So vermitteln Grenzen Menschen ein Gefühl von Identität und Zugehörigkeit.

VERWANDTE THEMEN
Siehe auch
NIEDERLASSUNGEN
Seite 76

SYMBOLE
Seite 84

KRIEG UND AGGRESSION
Seite 136

3-SEKUNDEN-BIOGRAFIE
JOHN MAYNARD SMITH
1920–2004
Britischer Evolutionsbiologe und Genetiker, wurde durch die Anwendung der Spieltheorie zur Erklärung der Evolution bekannt. Die Spieltheorie wurde auch zum Modell für die Erforschung territorialer Interaktionen (zum Beispiel im Falke-Taube-Spiel).

KENICHI OHMEA
1943–
Japanischer Organisationstheoretiker. In *The Borderless World* (1990) argumentiert er, dass nationale Grenzen immer mehr an Bedeutung abnehmen und Globalisierung in Sichtweite ist.

30-SEKUNDEN-TEXT
Djuke Veldhuis

An manchen Grenzen werden physische Barrieren zur Verstärkung von Kontrollen verwendet.

WIRTSCHAFTS-MIGRANTEN
30-Sekunden-Anthropologie

Wirtschaftsmigration kommt

sowohl zwischen als auch innerhalb von Ländern vor. Nach Schätzungen der Vereinten Nationen gab es im Jahre 2015 mehr als 243 Millionen Wirtschaftsmigranten, die ihre Zukunft in einem wirtschaftlich erfolgreicheren Land suchten. Die Zahl interner Migranten wird auf mehr als 740 Millionen geschätzt, die meisten finden sich in China und Indien. Die Ursachen von Wirtschaftswanderung werden oft mittels Push- und Pullfaktoren angegeben, wobei die gängige Theorie lautet, dass Migranten unterwegs sind, um ihr Einkommen zu verbessern. Der Druck von Wirtschaftsmigranten auf die Gesellschaft zeigt sich vor allem in den mehr als 36 Megastädten, also Städten mit mehr als 10 Millionen Einwohnern. Die größten sind Tokio und Shanghai. Das Ausbildungsniveau von Migranten ist oft entscheidend für ihren Erfolg und ihre Integration. Hochausgebildete Migranten haben größere Chancen in wettbewerbsintensiven Märkten, wie etwa den USA. Trotzdem werden oft auch wenig ausgebildete und oft nicht registrierte Arbeitskräfte gebraucht: zum Beispiel in der Landwirtschaft, Industrie und im Bau. Die EU gewährt ihren Bürgern Freizügigkeit, also das Recht in einem anderen EU-Staat Arbeit zu suchen und auszuüben.

3-SEKUNDEN-URSPRUNG
Die weltweite Migration ist einer der Motoren unserer Wirtschaft, sie verursacht jedoch auch große Probleme für unsere Großstädte.

3-MINUTEN-INFO
Die meisten Menschen wandern aus wirtschaftlichen Gründen aus, aber die Trennungslinie zwischen Wirtschaftsmigration und anderen Typen Migration ist nicht eindeutig. Menschen, die vor Verfolgung fliehen oder Migranten, die sich mit ihrer Familie vereinigen, wollen meistens auch ihre wirtschaftliche Situation verbessern. Auch die Migration in die USA hatte unterschiedliche Gründe. Emma Lazarus heißt in ihrem in der New Yorker Freiheitsstatue eingravierten Gedicht amerikanische Migranten willkommen als die „Müden, Armen, die geknechteten Massen, die frei zu atmen begehren...".

VERWANDTE THEMEN
Siehe auch
GRENZEN
Seite 104

FLÜCHTLINGE
Seite 108

GLOBALISIERUNG
Seite 148

3-SEKUNDEN-BIOGRAFIE
EMMA LAZARUS
1849–1887
Amerikanische Dichterin. Berühmt wurde ihr Sonett *The New Colossus*, das nach ihrem Tod am Fuß der Freiheitsstatue in New York – von ihr „Mother of Exiles" (Mutter der Immigranten) genannt – eingraviert wurde.

30-SEKUNDEN-TEXT
Brad K. Blitz

Die Inschrift an der Freiheitsstatue ist eine Hymne auf die Errungenschaften, die die Wirtschaftsmigranten mitbrachten und auf die Kraft der Menschen, die ein besseres Leben suchen.

FLÜCHTLINGE
30-Sekunden-Anthropologie

Der Begriff Flüchtling –

Menschen, die ihr Land verlassen um Verfolgung oder Krieg zu entkommen – ist in der menschlichen Geschichte relativ neu, denn es gibt ihn erst, seitdem es Grenzen, Nationen und Staaten gibt. Die größte Schwierigkeit für sowohl die Flüchtlinge als auch das Gastland ist die menschliche Neigung, andere Menschen in Eigengruppe und Fremdgruppe einzuteilen, Verwandte und Bekannte zu bevorzugen und anderen eher misstrauisch zu begegnen. Trotzdem ist dieses Verhalten kein universelles Phänomen, denn wenn es ausreichend Ressourcen gibt, leben Menschen aus verschiedenen Gruppen meist friedlich zusammen. Ändern sich jedoch die lokalen Gegebenheiten (wenn zum Beispiel Nahrungsmittelvorräte abnehmen), dann ändert sich auch das Verhalten. Die Einstellung gegenüber Flüchtlingen hängt von der politischen Stabilität, dem allgemeinen Wohlstand, der Beschäftigungsrate und der bereits bestehenden Diversität der Bevölkerung ab. Die Bedeutung und der Wert, den Menschen kulturell bedingten Verhaltensweisen und Normen geben (besonders bei Religion und Ethnizität), soziale Ungleichheit und territoriales Verhalten bei Ressourcen (Öl, Wasser, Nahrung) sind Ursache vieler Flüchtlingskrisen. Auch geografische Faktoren spielen eine Rolle: Im Jahre 2015 suchten 86% der Flüchtlinge Schutz in Ländern mit niedrigem und mittlerem Einkommen in der Nähe des Konfliktgebiets.

3-SEKUNDEN-URSPRUNG
Flüchtlinge werden definiert als Menschen, die vor Krieg und Verfolgung fliehen. Sie werden von internationalem Recht geschützt und dürfen nicht zurückgeschickt werden, wenn ihr Leben gefährdet ist.

3-MINUTEN-INFO
Waren die Neandertaler die ersten Flüchtlinge Europas? Sie sahen sich einer doppelten Bedrohung ausgesetzt: Klimaveränderung und der Wettbewerb mit den modernen Menschen, die vor ca. 45.000 Jahren aus Afrika ankamen. Die letzten Neandertaler überlebten in „Schutzzonen" in den südlichen Ländern, vor allem in kleineren Gebieten mit günstigen Lebensbedingungen auf der iberischen Halbinsel. Unglücklicherweise trennen solche Schutzzonen die Populationen in kleine Gruppen, die dann oft nicht lebensfähig sind. Die Neandertalern starben irgendwann nach 40.000 v. Chr. aus.

VERWANDTE THEMEN
Siehe auch
GRENZEN
Seite 104

WIRTSCHAFTSMIGRANTEN
Seite 106

3-SEKUNDEN-BIOGRAFIE
AFGHANISCHE FLÜCHTLINGE
Nach der sowjetischen Besetzung von Afghanistan 1979 flohen 5 Millionen Afghanen, seit 1990 fliehen jährlich über 2 Millionen.

SYRISCHE FLÜCHTLINGE
Zwischen 2011 und 2016 flohen schätzungsweise 11 Millionen Menschen aus ihren Heimatorten. Ca. 6,6 Millionen flohen an andere Orte in ihrem Land, 4,8 Millionen flohen in die Türkei, Jordanien, den Irak und Ägypten, ca. 1 Million haben Asyl in Europa beantragt.

30-SEKUNDEN-TEXT
Djuke Veldhuis

Die Not von Flüchtlingen kann in gleichem Maße zu Mitgefühl und Feindseligkeiten führen.

IDEEN

IDEEN
GLOSSAR

Affinität Sozial-anthropologischer Begriff: bezeichnet sowohl die Beziehungen zwischen Menschen durch Ehe und Verwandtschaft als auch in größeren soziale Netzwerken.

Antisemitismus Rassismus, der sich spezifisch gegen Menschen jüdischen Glaubens richtet.

Biometrik Wissenschaft, die menschliche Messwerte, wie Fingerabdrücke, Iris-Strukturen, DNA und Gesichtsmuster erstellt. Mittels biometrischer Verfahren wird die Identität von Personen für kriminologische Zwecke, Reisepässe, Computersicherheit usw. festgestellt.

Blutsverwandtschaft Mit diesem Begriff werden die Verwandtschaftsgrade zwischen Verwandten durch ihre Beziehung zu einem gemeinsamen Vorfahren dargestellt. Die Blutsverwandtschaft ist ein juristisches Argument im Rahmen von Erbschaftsstreitigkeiten und – vor allem in religiösen Gesetzen – Ehen zwischen Verwandten.

DNA Desoxyribonukleinsäure ist eine kettenartige Struktur, die in den Chromosomen fast aller Lebewesen (ausgenommen einige Viren) vorkommt. Als wichtigstes genetisches Material eines Organismus kontrolliert sie die Produktion von Proteinen und übermittelt vererbte Eigenschaften.

Ethnographie (Ethnographische Forschung) Die systematische sozialkulturelle Erforschung menschlicher Kulturen sowie die wissenschaftliche Literatur auf diesem Gebiet.

Feldarbeit Unter Feldarbeit wird sowohl die langfristige archäologische Ausgrabung einer Fundstätte mit homininen Fossilien, als auch die teilnehmende Beobachtung sozial-kultureller Gebräuche in einer Gemeinschaft verstanden. Durch Feldarbeit werden Daten über verschiedene Kulturen gesammelt.

Indigen Dieser Begriff bezeichnet die frühesten Bewohner eines Gebiets und deren lebende Nachkommen.

Interpretive Drift Eine allmähliche und oft kaum wahrnehmbare Veränderung in der eigenen Interpretation einer Aktivität, die durch eingehende Beschäftigung mit dieser Aktivität entsteht.

Kulturelle Anthropologie Die Erforschung kultureller Variationen in menschlichen Gruppen durch teilnehmende Beobachtung und Feldstudien.

Neocortex Teil der Großhirnrinde, der Sehen und Hören steuert. Bei den Säugetieren gilt er als der „jüngste" Teil des Gehirns. Primaten, vor allem Menschen, haben große Neocortex-Gebiete, die eng mit dem Sozialverhalten verknüpft sind.

Neoliberalismus Neufassung der Wirtschaftstheorie, die Adam Smith in *Der Wohlstand der Nationen* darlegte. Der Neoliberalismus gewann nach dem Zusammenbruch der Sowjetunion an Einfluss, er betont die Verantwortlichkeit des Individuums für den Nationalstaat.

Postmodernismus Der Postmodernismus ist weniger eine Theorie als eine philosophische Richtung. Er entwickelte sich in den siebziger Jahren in den USA und Frankreich und geht davon aus, dass menschliches Wissen aus Konstruktionen auf der Grundlage von Erfahrungen und Vorurteilen besteht. Diese Selbstkonstruktionen seien im anthropologischen Diskurs zu dekonstruieren.

Psychologische Anthropologie Interdisziplinäre anthropologische Disziplin, die die Beziehung zwischen mentalen Prozessen und kulturellen Bräuchen untersucht.

Sozialanthropologie Anthropologische Disziplin, die menschliche Gesellschaften und ihre Kultur untersucht.

Strukturalismus Geht auf den Sozialanthropologen Claude Lévi-Strauss zurück. Der Strukturalismus geht von der Existenz gemeinsamer Strukturen in sämtlichen menschlichen Gesellschaften und Kulturen aus.

Strukturfunktionalismus (oder Funktionalismus) Diese sozialanthropologische Theorie betrachtet Gesellschaft als ein komplexes System aus sich unterstützenden und stabilisierenden Elementen.

Symbolische Anthropologie Erforschung von Funktion und Bedeutung von Symbolen in menschlichen Gesellschaften.

Vorderhirn Der vordere Teil des Gehirns. Die Form des vordersten Schädelknochens bei Homo sapiens zeigt, dass unser Vorderhirn sich im Vergleich zu anderen homininen Arten verändert hat.

Glauben und Religion Japanische Form des Mahayana-Buddhismus, bei der Meditation im Mittelpunkt steht.

GLAUBEN UND RELIGION

30-Sekunden-Anthropologie

3-SEKUNDEN-URSPRUNG
Weder irrationaler Aberglaube, noch reine Rationalisierung des Unerforschlichen, sondern erst religiöser Glauben macht das eigene Selbst und das soziale Leben bedeutungsvoll.

3-MINUTEN-INFO
Die psychologische Anthropologin Tanya Luhrmann beschrieb, wie Menschen an Phänomene glauben können, die der Realität zu widersprechen scheinen. Sie beobachtete einen langsamen Prozess, während dem die Interpretation alltäglicher Gefühle, Sinneswahrnehmungen und Ereignisse langsam in einen religiösen Kontext verschoben wird. Durch diesen interpretativen Kontextwechsel kann sich – durch Zweifel und Hingabe – ein religiöser Glaube bilden.

Religion ist eine der faszinierendsten und herausforderndsten Aspekte menschlicher Kultur, egal ob es sich um eine Tanznacht mit einem ekstatischen Trance-Medium oder um einen Tag stiller Meditation in einem Zen-Tempel handelt. Die üblichste Definition von „Religion" ist, dass Religion kollektive Realitäten in Bezug zur übernatürlichen Welt ausdrückt. Zeremonien und Rituale, gemeinsame Feste, die das Individuum symbolisch und emotional in eine andere Phase überführen und eine Beziehung zum Göttlichen herstellen, spielen in Religionen eine wichtige Rolle. Diese kollektiven Aspekte geben Religionen einen eigenständigen Platz neben den persönlichen Erfahrungen von Individuen. Religionen sind eine andere Art des Kontakts zum Übernatürlichen als Zauberei oder Hexerei. Die religiöse Identität findet sich häufig auch in den Gebräuchen des täglichen Lebens: von der Kleidung bis zur Nahrung. Manche religiöse Praktiken wirken auf Außenstehende bizarr und extrem, weil schwer nachvollziehbar ist, dass Götter im Traum sprechen oder jemanden in Besitz nehmen könnten. Aber manche Menschen machen diese Erfahrungen und die Verbindung zum Übermenschlichen und zu anderen religiösen Bedeutungen schafft neue Möglichkeiten der Zugehörigkeit und der Selbsttransformation. Religion und Kunst bereichern den sozialen Bereich durch Imagination.

VERWANDTE THEMEN
Siehe auch
SYMBOLE
Seite 84

RITUAL UND ZEREMONIE
Seite 86

IDENTITÄT
Seite 116

3-SEKUNDEN-BIOGRAFIE
EMILE DURKHEIM
1858–1917
Französischer Soziologe. Aus ethnographischer Forschung leitete er ab, dass kollektive Rituale in der sozialen Evolution des religiösen Lebens eine ausschlaggebende Rolle spielen.

TALAL ASAD
1932–
Arabischer Anthropologe, kritisiert den Einfluss der Modernität.

30-SEKUNDEN-TEXT
Jason Danely

Kultur, Askese und persönliche Erfahrungen treffen sich im Schmelztiegel menschlicher Religionen.

IDENTITÄT

30-Sekunden-Anthropologie

Der Begriff Identität stammt aus dem lateinischen *Idem* (dasselbe) und liegt dem Wort „identisch" zugrunde. Der griechische Philosoph Aristoteles formulierte ein einfaches Identitätsgesetz, das keinen Wandel erlaubte: A=A. Sein Kollege Heraklit erkannte, dass nur wenige Dinge in der Natur wirklich identisch sind und veränderte diese Gleichung in A=A*, wobei * das Zeichen für Wandel ist. Bei der Feststellung von Identität müssen Forscher zunächst entscheiden, wie viele Unterschiede akzeptabel sind, bevor keine Identität mehr existiert. Wandel ist eine der wichtigsten menschlichen Eigenschaften: Jeder Mensch hat verschiedene Identitäten – physisch, kulturell, spirituell, beruflich usw. –, die sich im Laufe eines Lebens tiefgreifen verändern können. Die Verfahren, mit deren Hilfe Identität festgestellt, bestätigt und verglichen wird, sind grundsätzlich unvollkommen, weil Wandel unvermeidlich ist. Zugleich ist Identität eine wertvolle Währung auf dem Schwarzmarkt und Identitätsdiebstähle sind die Delikte, die in der digitalen Welt am schnellsten zunehmen. Deshalb versuchen Biometriker unsere physische Identität (Biometrik) über Fingerabdrücke und Gesichtserkennung auch für den Zugang zu Mobiltelefonen oder Computern einzusetzen.

3-SEKUNDEN-URSPRUNG
Der Begriff Identität bestätigt, dass wir der sind, der wir sagen, dass wir sind, und dass wir immer schon so waren.

3-MINUTEN-INFO
Es ist schwierig, Zwillinge aufgrund von Aussehen oder Verhalten voneinander zu unterscheiden. Dennoch sind sie nicht identisch. Trotz ihrer nahezu gemeinsamen DNA unterscheiden sie sich in einigen anatomischen Details genauso voneinander, wie andere Geschwister gleichen Geschlechts: Fingerabdrücke, Iris-Muster und die Venen an der Hautoberfläche.

VERWANDTE THEMEN
Siehe auch
RASSE
Seite 34

VERWANDTSCHAFT
Seite 124

GENDER
Seite 128

3-SEKUNDEN-BIOGRAFIE
ALPHONSE BERTILLON
1853–1914
Das von ihm entwickelte System zur Personenidentifizierung (*Bertillonage*) war ein früher Vorläufer der Biometrik.

30-SEKUNDEN-TEXT
Sue Black

Der Begriff „Identität" bezieht sich sowohl auf unsere juristische und physische Person als auf unsere komplexe und dynamische Selbst-Wahrnehmung.

POLITIK
30-Sekunden-Anthropologie

Fische sind dazu gebaut, um im Wasser zu schwimmen, und Vögel, um in der Luft zu fliegen. So sind wir Menschen dazu gebaut, Interessenkonflikte zu vermitteln, die notwendigerweise zwischen Mitgliedern einer Gruppe entstehen. Wir sind ein *Zoon politicon*, ein „politisches Tier", so Aristoteles. Politik ist die Kunst, das zu bekommen, was man haben will, und unser politischer Werkzeugkasten erhält alles Mögliche: vom Argumentieren über das Schmieden von Allianzen bis hin zur Gewalt. Zwar denken wir oft, dass nur Politiker Politik betreiben, aber in Wirklichkeit verwendet jeder von uns ständig politische Taktiken, um seinen Willen durchzusetzen: Wer wäscht ab? Wo kommt der neue Spielplatz hin? Wie setze ich meine Beförderung durch? Politik ist also eine uralte Sache. Sie begann, als unsere Vorfahren in sozialen Gruppen zu leben begannen, und Essen, Partner und Prestige verteilt werden mussten. Unser Gehirn ist also von alters her auf politisches Manövrieren eingestellt. Forschungen zeigen, dass unsere politische Intuition immer noch am besten in kleinen Gruppen funktioniert, wie bei unseren Vorfahren.

3-SEKUNDEN-URSPRUNG
Wenn das Leben ein Spiel ist, dann ist die Politik das Spiel über die Spielregeln – und dafür eignet sich unser Gehirn besonders.

3-MINUTEN-INFO
Menschen sind nicht die einzigen politischen Tiere. Primatologe Frans de Waal schildert in *Unsere haarigen Vettern* (1983) den monatelangen Machtkampf zwischen drei Schimpansen-Männchen im Arnheimer Zoo (Niederlande). Durch das Schmieden von Allianzen und sozialem Verrat gelingt es dem jungen Männchen Nikki, ältere und stärkere Männchen auszumanövrieren und Alphatier zu werden.

VERWANDTE THEMEN
Siehe auch
HIERARCHIE UND FÜHRUNG
Seite 122

KRIEG UND AGGRESSION
Seite 136

ETHIK
Seite 140

3-SEKUNDEN-BIOGRAFIE
ARISTOTELES
384–322 V. CHR.
Griechischer Philosoph, der den Menschen als „politisches Tier" beschrieb, das sein volles Potenzial nur gemeinsam mit anderen realisieren kann.

FRANS DE WAAL
1948–
Niederländischer Primatologe, der als erster politologische Konzepte zur Beschreibung nicht menschlichen Verhaltens benutzte.

30-SEKUNDEN-TEXT
Michael Bang Petersen

Politische Manipulation ist nichts spezifisch Menschliches. Das Verhalten von Schimpansen zeigt, dass sie argumentieren, lügen und manipulieren können – wie wir.

28. November 1908
Geboren in einer französisch-jüdischen Familie.

1931
Wird Philosophielehrer nach dem Studium an der Sorbonne.

1935
Wird Gastprofessor an der Universität in São Paulo (Südamerika), wo er Feldarbeit durchführt.

1939
Kehrt nach Frankreich zurück.

1940
Verliert seine Bürgerrechte durch antisemitische Gesetzgebung und verlässt Frankreich.

1941
Verbringt den Zweiten Weltkrieg zum größten Teil in New York, wo er Roman Jakobson und Franz Boas kennenlernt.

1948
Kehr nach Paris zurück.

1949
Veröffentlicht *Die elementaren Strukturen der Verwandtschaft*.

1959
Erhält einen Lehrstuhl für Sozialanthropologie am Collège de France.

1962
Veröffentlicht *Das wilde Denken*.

1971
Veröffentlicht *Mythologiques*.

1973
Wird in die Académie Française gewählt.

30. Oktober 2009
Stirbt im Alter von 100 Jahren in Paris.

CLAUDE LÉVI-STRAUSS

Claude Lévi-Strauss gilt als Begründer des Strukturalismus und ist der vielleicht einflussreichste Anthropologe aller Zeiten.

Er wurde als Sohn französisch-jüdischer Eltern geboren und ging in Paris zur Schule. Dort studierte er Philosophie an der Sorbonne und wurde anschließend Lehrer.

Schon damals interessierte ihn die Anthropologie. 1935 konnte er als Gastprofessor Feldarbeit unter der indigenen indianischen Bevölkerung in Brasilien durchführen. Dabei erwachte sein Interesse für Mythologie, die ihn Zeit seines Lebens faszinierte.

Beim Ausbruch des Zweiten Weltkriegs 1939 kehrte er nach Frankreich zurück, musste jedoch wegen der antisemitischen Gesetzgebung der Vichy-Regierung auswandern, da ihm die Bürgerrechte abgenommen wurden und Lebensgefahr drohte. Lévi-Strauss floh nach Martinique und schließlich nach New York, wo er einer der Begründer der New School for Social Research war. Er gehörte einem Kreis französischer Intellektueller im Exil an, zu dem auch Linguisten wie Roman Jakobson gehörten. Auch lernte er Franz Boas kennen (der in seinen Armen in einem Restaurant an einem Herzinfarkt starb).

Vor seiner Rückreise aus New York veröffentlichte Lévi-Strauss als Teil seiner Doktorarbeit das bahnbrechende Werk *Die elementaren Strukturen der Verwandtschaft*. Darin zeigte er, dass oft Allianzen und der Austausch von Bräuten zwischen sozialen Gruppen eine größere Rolle spielen als lineare Verwandtschaftsbeziehungen (was vor allem in der angelsächsischen anthropologischen Forschung betont wurde).

Lévi-Strauss formulierte schließlich die Theorie, dass nicht die empirische Realität entscheidend sei, sondern die allgemeinen Strukturen, die ihr zugrunde lägen. Er demonstrierte dieses strukturalistische Konzept in einer Reihe von Büchern (*Mythologica*), in denen er eine vergleichende Analyse eines Mythos und seiner Variationen darstellte.

Diese und viele andere seiner Werke wurden auch ins Englische übersetzt und spielten eine wichtige Rolle für den Postmodernismus, der die Kritische Theorie in der zweiten Hälfte des 20. Jahrhunderts dominierte. In der Anthropologie wurde Lévi-Strauss rasch berühmt und es erschienen zahlreiche strukturalistische Studien von Mythen. Seine Berühmtheit ließ jedoch rasch wieder nach. Auch wenn sich Lévi-Strauss' hochfliegenden Ansprüche leicht kritisieren lassen, ist seine Bedeutung größer als die einer historischen Figur. Seine These, dass der menschliche Geist die Kultur genauso einschränkt wie gestaltet, ist nach wie vor eine grundlegende Einsicht.

David Shankland

HIERARCHIE UND FÜHRUNG

30-Sekunden-Anthropologie

Die vielfältige Weise, wie

Gesellschaften ihre Angelegenheiten ordnen, ist ein faszinierendes Thema für Anthropologen. Ihr Untersuchungsobjekt reicht von den hoch differenzierten Kasten-Systemen in Indien bis hin zu den friedlichen Jägern und Sammlern des indonesischen Regenwalds (mit allerdings einer höchst komplexen und spirituellen Kosmologie), von den Stämmen im nördlichen Afrika, den Bauerngemeinschaften in Eurasien und den afrikanischen präkolonialen Königreichen bis hin zu den riesigen, heute immer dominanteren, bürokratischen Nationen. In den Bauerngemeinschaften ist der Haushalt meist die soziale Grundeinheit. In Stämmen spielt die (fantasierte oder reale) patrilineare Herkunft in der männlichen Linie eine wichtige Rolle. Einige kleinere Jäger- und Sammlergruppen – etwa in Indonesien – sind ziemlich egalitär und kennen keine Anführer. Die Anthropologen haben viel darüber geforscht, welche Rolle Verwandtschaft in der sozialen Hierarchie spielt. Clifford Geetz analysierte, wie Symbole, Charisma und Mythen einen Führungsanspruch begründen und unterstützen können. Der französische Forscher Pierre Bourdieu zeigte, dass Hierarchien in modernen Nationalstaaten durch ein komplexes Zusammenspiel von sozialer Stellung, Reichtum, Herkunft, Erfolg und Kultur entstehen.

3-SEKUNDEN-URSPRUNG
Alle menschlichen Gesellschaften haben eine Vorstellung von sozialer Ordnung. Wie sie aussieht und realisiert werden soll, ist jedoch unterschiedlich.

3-MINUTEN-INFO
Um zu erklären, warum Menschen ihre Gesellschaften so einrichten, wie sie es tun, haben Anthropologen unterschiedliche Theorien entwickelt. Funktionalisten behaupten, dass soziale Institutionen auf biologische Bedürfnisse zurückzuführen seien, Strukturfunktionalisten führen Kultur auf zugrunde liegende hierarchische Systeme zurück und Strukturalisten schließlich betonen, dass überall auf der Welt universell entgegengesetzte Kategorien (Leben und Tod, oben und unten) unser Verhalten, unsere Kultur und unsere Sozialstrukturen beeinflussen.

VERWANDTE THEMEN
Siehe auch
BRONISLAW MALINOWSKI
Seite 78

GENDER
Seite 128

GLOBALISIERUNG
Seite 148

3-SEKUNDEN-BIOGRAFIE
CLIFFORD GEERTZ
1926–2006
Amerikanischer Pionier der symbolischen Anthropologie: die Erforschung kultureller Symbole und ihrer Rolle und Funktion.

PIERRE BOURDIEU
1930–2002
Französischer Anthropologe, forschte viel in Nordafrika. Theoretiker der modernen Gesellschaft.

30-SEKUNDEN-TEXT
David Shankland

Die Gesellschaftsordnung und den Ort, den wir in ihr einnehmen, hat die Menschen seit der Entstehung sozialer Gruppen beschäftigt.

VERWANDTSCHAFT
30-Sekunden-Anthropologie

Der Begriff Verwandtschaft
beschreibt die Art, wie Individuen in Gruppen, Rollen und Kategorien eingeteilt werden. Die Anthropologen verwenden diesen Begriff, um soziale Interaktion, Einstellungen und Motive besser verstehen zu können. Alter und Geschlecht spielen ebenfalls eine wichtige Rolle, während die Bedeutung verwandtschaftlicher Beziehungen in verschiedenen Gesellschaften sehr unterschiedlich sein kann. Im Rahmen von Verwandtschaft werden Begriffe benutzt, die unsere Beziehung zu anderen definieren – Mutter, Onkel, Cousine – und soziale Werte und Normen vermitteln. So wird in England der Begriff „Onkel" für die Brüder beider Elternteile verwendet. Für die Dani im westlichen Neuguinea bezieht sich „Onkel" allerdings nur auf den Bruder der Mutter, der Bruder des Vaters heißt „Vater". Wie die Sprache selbst, ändern sich auch Verwandtschaftsbeziehungen. In vielen modernen industrialisierten Gesellschaften ist die sogenannte Kernfamilie die wichtigste Einheit (Eltern und Kinder). Die Verwandtschaft zwischen Mutter und Vater entsteht dabei durch Ehe (Affinität), die zwischen den Kindern durch Blutsverwandtschaft. In mehreren Ländern werden jetzt aber auch gleichgeschlechtliche Paare, die Kinder adoptieren, gesetzlich als Familie anerkannt, auch wenn keine Blutsverwandtschaft vorhanden ist.

3-SEKUNDEN-URSPRUNG
Verwandtschaft, Gender und Alter sind die Grundprinzipien der Organisation menschlicher Gesellschaften. Sie sind Grundlage für die Bildung sozialer Gruppen und die Einteilung von Menschen.

3-MINUTEN-INFO
„Blut ist dicker als Wasser" lautet ein bekanntes Sprichwort. Es bedeutet, dass Verwandtschaftsbeziehungen wichtiger sind als Freundschaften. In der Biologie bezieht sich Verwandtschaft auf den Grad an genetischer Verbundenheit zwischen individuellen Mitgliedern einer Art. Verwandtschaftsselektion beschreibt das Phänomen, dass Verwandte sogar dann bevorzugt werden, wenn dies dem Individuum schadet. Dies wird als Altruismus bezeichnet.

VERWANDTE THEMEN
Siehe auch
WARUM KÜMMERN WIR UNS?
Seite 92

CLAUDE LÉVI-STRAUSS
Seite 120

3-SEKUNDEN-BIOGRAFIE
LEWIS HENRY MORGAN
1818–1881
Amerikanischer Anthropologe, forschte über Verwandtschaft und Sozialstrukturen.

ALFRED RADCLIFFE BROWN
1881–1955
Englischer Sozialanthropologe, erforschte Kulturen auf den Andaman-Inseln und in Polynesien. Er entwickelte eine Theorie über Sozialstrukturen.

DAVID MURRAY SCHNEIDER
1918–1995
Amerikanischer Kulturanthropologe. Er beschrieb Verwandtschaft als kulturelles System, das bei unterschiedlichen Völkern jeweils anders ausgeprägt ist.

30-SEKUNDEN-TEXT
Djuke Veldhuis

Familiengruppen und die Bindungen, die sie schaffen, gestalten unsere Gesellschaften.

DIE DUNBAR-ZAHL

30-Sekunden-Anthropologie

Warum haben Primaten im

Vergleich zu anderen Säugetieren ein so großes Gehirn? Der amerikanische Anthropologe Robin Dunbar erforschte mehrere Erklärungsmodelle. Ein Modell führte das große Gehirn auf umweltbedingte wachsende kognitive Herausforderungen zurück, ein anderes (Theorie des sozialen Gehirns) auf die sozial komplexer werdenden Gesellschaften, in denen Primaten leben: Je größer die Gruppe, umso größer das Gehirn. Der sogenannte Neokortex im Vorderhirn ist vor allem für die Verarbeitung sozialer Informationen von Bedeutung. Dunbar überprüfte beide konkurrierenden Theorien. Er fand keine Korrelation zwischen der Größe des Neokortex und der Komplexität der Umgebung, wohl aber zwischen der Größe des Neokortex und der Größe der Gruppe, in der die Primaten lebten. Anschließend benutzte Dunbar das Verhältnis zwischen Volumen des Neokortex zum gesamten Gehirnvolumen, um die am besten funktionierende Gruppengröße verschiedener Arten abzuleiten. Eines seiner Ergebnisse war, dass die durchschnittliche Zahl von Menschen, mit denen ein Individuum sinnvolle soziale Beziehungen unterhalten kann, bei ungefähr 150 liegt. In Wirklichkeit schwankt diese Zahl natürlich, aber Dunbars Ergebnis wurde durch andere anthropologische Untersuchungen bestätigt, auch in Bezug auf Armeen und Organisationen. Gruppen mit mehr als 150 Mitgliedern werden tendenziell in kleinere Untergruppen aufgeteilt.

3-SEKUNDEN-URSPRUNG
Die Dunbar-Zahl liegt zwischen 100 und 250 und bezeichnet die obere Grenze für die Anzahl Menschen, mit der eine durchschnittliche Person relativ stabile soziale Beziehungen pflegen kann.

3-MINUTEN-INFO
Gilt die Dunbar-Zahl auch im Zeitalter der sozialen Medien, wo Facebook und Twitter es uns erlauben, soziale Beziehungen auf Abstand mit viel mehr Personen zu pflegen? Es sieht so aus. Forscher haben herausgefunden, dass die Durchschnittszahl der „Freunde" auf Facebook zwar bei ungefähr 300 liegt, dass jedoch im Durchschnitt nur etwa 75 als echte Freunde bezeichnet werden. Auf Twitter haben die meisten Menschen nur ca. 100 bis 200 stabile Verbindungen.

VERWANDTE THEMEN
Siehe auch
ENTWICKLUNG DES GEHIRNS
Seite 16

SPRACHE
Seite 82

3-SEKUNDEN-BIOGRAFIE
ROBIN DUNBAR
1947–
Britischer Anthropologe und Primatologe, spezialisiert auf Gehirnevolution und Sozialverhalten von Primaten, berühmt wegen der Dunbar-Zahl.

30-SEKUNDEN-TEXT
Djuke Veldhuis

Die Dunbar-Zahl ist ein nützliches Instrument, um zu beobachten, wie Menschen sich in Gruppen organisieren und miteinander interagieren.

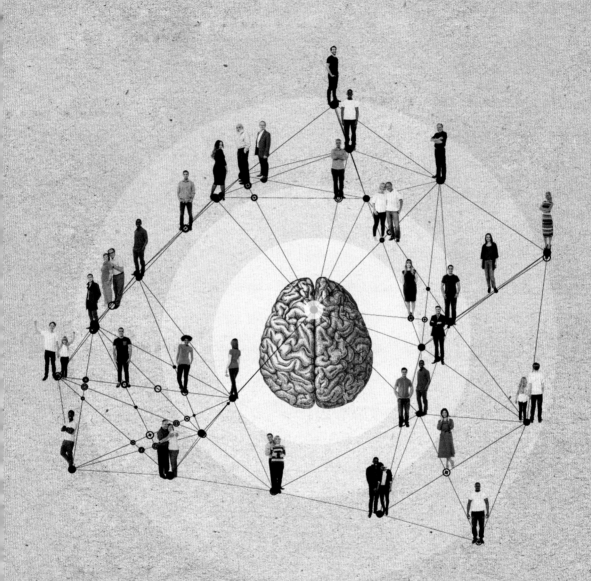

GENDER

30-Sekunden-Anthropologie

Gender – die Auffassung, dass

Männer und Frauen unterschiedlich sind – beeinflusst uns alle und spielt eine grundlegende Rolle bei der Organisation von Gesellschaften. Der Begriff Gender bezeichnet das soziale Geschlecht, unabhängig vom biologischen Geschlecht. Die frühen weiblichen Anthropologen, wie Margaret Mead, Ruth Benedict und Phyllis Karberry waren sich der Bedeutung von Gender bewusst, aber erst seit den siebziger Jahren ist Gender ein Thema, das die Anthropologen ernsthaft beschäftigt. Der ethnographischen Forschung wurde vorgeworfen, sie stelle (oft unwissentlich) Männer in den Mittelpunkt, weil Männer eher in der Öffentlichkeit operierten, während sich Frauen vor allem in der Privatsphäre des Haushalts aufhielten. Man erkannte, dass die Gender-Hierarchie durch vielfältige, sich gegenseitig verstärkende Einschränkungen der Freiheit von Frauen verursacht wird, unter anderem hinsichtlich Raum, Sprache, Rituale, Religion, Eigentum, Wissen und Wohlstand. In manchen Gesellschaften haben Frauen weniger Bewegungsfreiheit als Männer, oder bestimmte Rituale sind ihnen verschlossen. In den Mythen anderer Religionen sind Frauen eine Gefahr für Männer, oder sie haben nicht den gleichen Zugang zu Eigentum oder Wohlstand wie die Männer. Die Akkumulation dieser kulturellen Faktoren führt zu systematischer, schwer zu überwindender Ungleichheit.

3-SEKUNDEN-URSPRUNG
Anthropologen betrachten Gender heute als soziales Konstrukt, Geschlechterrollen sind Objekt von Forschung und Umfragen.

3-MINUTEN-INFO
Beim Thema Gender haben die Forschungsergebnisse der Anthropologie das moderne soziale Denken und die Politik fundamental beeinflusst. Ihre Erkenntnisse über Gender spielten im Diskurs über globale Ungleichheit, wissenschaftliche Strukturen und Neoliberalismus eine große Rolle. Anthropologische Forschung hat dazu beigetragen, die Verschiedenheit und Funktion von Gender in der globalisierten Gesellschaft herauszustellen.

VERWANDTE THEMEN
Siehe auch
MARGARET MEAD
Seite 40

3-SEKUNDEN-BIOGRAFIE
RUTH BENEDICT
1887–1948
Amerikanische Kulturanthropologin, Verfasserin von *Patterns of Culture* (1934)

PHYLLIS KARBERRY
1910–1977
Führte empirische Untersuchungen zur Rolle der Frau bei den Aborigines in Australien durch.

30-SEKUNDEN-TEXT
David Shankland

Obwohl Gender traditionell als Dichotomie betrachtet wird, ist es ein komplexeres Phänomen, wobei Individuen nicht immer den normativen Gender-Rollen entsprechen.

MODERNE VÖLKER

MODERNE VÖLKER
GLOSSAR

Antibiotika-resistente Tuberkulose Tuberkuloseerreger, die auch gegen die neuesten Antibiotika resistent sind. Die Antibiotika-resistente Tuberkulose ist ein deutliches Beispiel für Evolution. Durch die übermäßige Verwendung von Antibiotika entwickeln sich resistente Erreger zu einer globalen Bedrohung.

Biodiversität Die Vielfalt an Organismen in einem bestimmten Lebensraum.

C-3PO Der wahrscheinlich berühmteste Roboter der Welt verbindet in den Star Wars Filmen nicht nur Menschen mit extraterrestrischen Wesen, sondern auch die menschliche Welt mit dem der Computer.

DNA Desoxyribonukleinsäure bildet eine kettenartige Struktur in den Chromosomen praktisch aller Lebewesen (abgesehen von einigen Viren). Sie ist das wichtigste genetische Material eines Organismus und kontrolliert die Entstehung von Proteinen, die erbliche Eigenschaften weitergeben und als Entwurf für Entwicklung dienen.

Dolly das Schaf Das Schaf Dolly wurde am 5. Juli 1996 geboren und war das erste Säugetier, das aus einer erwachsenen Zelle geklont wurde (Universität von Edinburgh).

Ethnographie Systematische sozial-kulturelle Erforschung von Völkern, oft mit Hilfe schriftlicher Berichte über diese Völker.

Genom Das gesamte genetische Material eines Organismus.

Identitätspolitik So wie die Theorie der allegorischen Anziehung beschreibt, wie sich Menschen mit ähnlichem Hintergrund gegenseitig anziehen, beschreibt die Identitätspolitik die Bildung politischer Netzwerke durch eine gemeinsame familiäre, religiöse oder soziale Herkunft.

Indigen Dieser Begriff bezeichnet die frühesten Bewohner eines Gebiets und ihre lebenden Nachkommen.

Medizinische Anthropologie Diese anthropologische Disziplin erforscht Faktoren, die die Gesundheit beeinflussen, sowie das Erleben, die Behandlung und die Prävention von Krankheiten in verschiedenen Kulturen.

Mitochondrien Zellorganellen, die wie eine Batterie funktionieren, indem sie Nährstoffe abbauen, um Energie für biochemische Zellprozesse zu erzeugen.

Mukoviszidose Eine genetisch bedingte unheilbare Krankheit, die vor allem die Lungen befällt und zu Atmungsproblemen führt. Bei dieser autosomalen, rezessiven Krankheit besitzen

Erkrankte zwei genetische Kopien der Zystischen Fibrose Mutation. Reine Träger, die nur eine Kopie mit sich führen, sind selten.

Nationalismus Die Identifikation von Menschen mit ihrem Land auf der Grundlage gemeinsamer Ideale und Zielsetzungen. Im Europa des 19. Jahrhunderts führte der Nationalismus zur Bildung von Nationalstaaten und zu imperialer Expansion.

Oberflächliche Venenstruktur Die Analyse von Fotos zur Bestimmung der oberflächlichen Venenstruktur der Haut ist ein Verfahren der gerichtsmedizinischen Identifikation, bei dem Aufnahmen der Venenstruktur zur Personenidentifikation benutzt werden.

Ozonschicht Eine schützende Gasschicht in der Stratosphäre der Erde. Sie besteht vor allem aus Ozon und funktioniert wie ein riesiger Schwamm, der große Mengen an Ultraviolettstrahlung absorbiert.

Relativismus Anthropologischer Ansatz, der davon ausgeht, dass Forscher sich von ihren eigenen kulturbedingten Ideen und Vorurteilen distanzieren sollten, damit sie andere Kulturen in ihrem jeweiligen Kontext verstehen können.

Sozialanthropologie Anthropologische Disziplin, die menschliche Gesellschaften und ihre Kultur erforscht.

Strukturelle Gewalt Prozess, bei dem eine Institution oder soziale Struktur Gewalt ausübt und dabei gegen menschliche Grundrechte verstößt. Beispiele sind Rassismus oder Sexismus.

Terminator Film aus dem Jahre 1984, wobei ein Cyborg von einem intelligenten Computer durch die Zeit zurückgeschickt wird, um zu verhindern, dass die Menschen einen zukünftigen Krieg gegen Maschinen gewinnen.

Transnationalismus Bezeichnet das weltweite Phänomen zunehmender menschlicher Kontakte, das in gewissem Maße die Bedeutung nationaler Grenzen aufhebt. Seit dem 21. Jahrhundert stark angeregt durch soziale Medien.

Universalismus Sozial-anthropologische Theorie, die alle menschlichen Kulturen als inhärent gleichwertig betrachtet, und davon ausgeht, dass viele menschliche Verhaltensweisen und soziale Strukturen sich in allen menschlichen Gesellschaften beobachten lassen.

Zellkerntransfer Eine Klontechnik, bei der die DNA eines nicht befruchteten Eis entfernt und durch die DNA des zu klonenden Organismus ersetzt wird, das im Zellkern enthalten ist. Das berühmteste Beispiel für Zellkerntransfer ist das Schaf Dolly.

ETHNIZITÄT
30-Sekunden-Anthropologie

Ethnizität ist eine soziale

Konstruktion. Menschen entwickeln ein Gefühl ethnischer Zugehörigkeit auf der Grundlage (angeblicher) gemeinsamer Eigenschaften, die sie von anderen unterscheiden: zum Beispiel Gender, Sprache, Kultur, Religion, Hautfarbe, Verwandtschaft oder Nationalität. Aus Untersuchungen des norwegische Anthropologen Frederik Barth ergibt sich, dass sich das Zugehörigkeitsgefühl im Lauf der Zeit stark verändern kann. Wann und wie sich eine bestimmte Ethnizität manifestiert, ist schwer zu prognostizieren. Sie kann von einem Staat oder einer Bürokratie auferlegt werden, oder zwischen Mitgliedern einer rebellierenden sozialen Bewegung entstehen. Der britisch-tschechische Sozialanthropologe Ernest Gellner betrachtet nationalistische Bewegungen nicht nur als historische, sondern auch als inhärent moderne Phänomene, die entstehen, wenn Menschen sich von der – durch die Industrialisierung entstandenen – sozialen Mobilität ausgeschlossen fühlen. Nationalstaaten versuchen häufig, ein Gefühl von Einheit zu erzeugen, indem sie eine bestimmte Ethnizität auf Kosten einer anderen propagieren. Durch den Globalisierungsprozess können hierdurch entstehende instabile Situationen prekär werden. Die dank der Globalisierung zunehmende Mobilität kann auch zu einer mehrfachen ethnischen Zugehörigkeit führen.

3-SEKUNDEN-URSPRUNG
Ethnizität bezieht sich auf die Vielfalt der Arten und Weisen, wie sich Menschen mit einer größeren Gruppe identifizieren.

3-MINUTEN-INFO
Wir alle verwenden bestimmte Labels, um Gruppen zu definieren und damit unsere Welt einzuteilen. Der Begriff „Rasse" wurde oft verwendet, um menschliche Gruppen voneinander abzugrenzen, oft zu politischen Zwecken. Dies ist problematisch, da „Rasse" ein wissenschaftlicher Begriff ist, mit dem sich keine Gruppen voneinander abgrenzen lassen. Aus wissenschaftlicher Perspektive gibt es keine verschiedenen menschlichen Rassen, es gibt nur die eine menschliche Art mit ihren unendlich vielen verschiedenen sozialen und kulturellen Varianten.

VERWANDTE THEMEN
Siehe auch
GENDER
Seite 128

GLOBALISIERUNG
Seite 148

3-SEKUNDEN-BIOGRAFIE
MICHAEL BANTON
1925–
Britischer Soziologe und Anthropologe, forschte über ethnische Beziehungen.

ERNEST GELLNER
1925–1995
Britisch-tschechischer Sozialanthropologe und Philosoph, ein Pionier der Theorien zum Nationalismus.

FREDRIK BARTH
1928–2016
Norwegischer Sozialanthropologe. Erforschte, wie Gruppen durch das Ziehen von Grenzen ethnische Identität aufbauen.

30-SEKUNDEN-TEXT
David Shankland

Ethnische Unterschiede sind Gruppen und Strukturen, wie auch Sprache, die sich im Alltag manifestieren.

KRIEG UND AGGRESSION
30-Sekunden-Anthropologie

Warum führen wir Krieg?

Das Kernelement von Krieg ist Aggression, und dieses Verhalten ist im biologischen Sinne vorteilhaft. Der Kampf um Ressourcen – wie Nahrung oder Sexualität – führt zur Selektion der gesünderen und stärkeren Individuen, die überleben und sich fortpflanzen. Es überrascht nicht, dass Aggression sowohl bei Tieren wie bei Menschen in Situationen mit hoher Bevölkerungsdichte und geringer Ressourcen zunimmt. Die Unterschiede zwischen Menschen und Tieren sind dabei nur graduell. Mit unserem größeren Gehirn und unseren Werkzeugen und Waffen richten wir weitaus schlimmere Verwüstungen an als andere Säugetiere. Die Meinungen gehen auseinander, seit wann es schon echte Kriege gibt. Wahrscheinlich schon seit Zehntausenden oder sogar Hunderttausenden von Jahren. Trotzdem herrscht öfter Frieden als Krieg, denn die Kosten von Kriegen sind auf Dauer einfach zu hoch. Und obwohl Menschen meistens kooperativ sind, werden Schauergeschichten über Morde und „Killeraffen" in populären Medien immer wieder hochgespielt. Zusammenfassend könnte man den Krieg als eine Form hoch organisierter kooperativer Aggressionen bezeichnen.

3-SEKUNDEN-URSPRUNG
Individuelle Aggressionen und Ängste führen im Extremfall zu einem großformatigen (bewaffneten) Konflikt zwischen Gesellschaften: Krieg.

3-MINUTEN-INFO
Bonobos und Schimpansen haben zu 99 % dasselbe Genom. Sie werden durch einen Fluss (den Kongo) sowie zwei Millionen Jahre Evolution getrennt. In Konfliktsituationen werden Schimpansen aggressiv, während Bonobos mittels Sex die Ruhe wiederherstellen. Schimpansen leben in Gruppen, die von Männchen beherrscht werden. Sie jagen, verwenden Werkzeuge und töten. Die Bonobogruppen unter der Leitung von Weibchen nicht. Warum? Vielleicht weil Bonobos in einem berechenbaren Umfeld leben, dass ihnen ein egalitäres und kooperatives Leben ermöglicht.

VERWANDTE THEMEN
Siehe auch
RITUAL UND ZEREMONIE
Seite 86

GRENZEN
Seite 104

HIERARCHIE UND FÜHRUNG
Seite 122

3-SEKUNDEN-BIOGRAFIE
ASHLEY MONTAGUE
1905–1999
Britisch-amerikanischer Anthropologe, forschte über Rasse, Gender, menschliche Aggression und Krieg.

FRANS DE WAAL
1948–
Niederländischer Primatologe und Ethnologe, vor allem bekannt durch *Chimpanzee Politics*, in dem er die Rivalitäten, Konflikte und Koalitionen in Schimpansengruppen beschreibt.

30-SEKUNDEN-TEXT
Djuke Veldhuis

Menschliche Aggression hat die Geschichte unserer Art geprägt.

KÜNSTLICHE INTELLIGENZ (KI)

30-Sekunden-Anthropologie

Künstliche Intelligenz wird oft als Eigenschaft von Science-Fiction-Robotern mit menschenähnlichen Eigenschaften dargestellt, wie *The Terminator* oder C-3PO Star in *Star Wars*. Aber künstliche Intelligenz gibt es schon längst und sie beeinflusst unsere Realität: Unsere Bank, unsere Wohnung, unser Auto und Smartphone – alle sind intelligent. Virtuelle persönliche Assistenz, eine automatische E-Mail oder die Empfehlungen für ein Lied oder einen Film auf unseren Apps – all dies sind Äußerungen künstlicher Intelligenz. Jedes Programm, das etwas in menschlichem Sinne Intelligentes ausführt, besitzt künstliche Intelligenz. Allerdings gilt die heutige künstliche Intelligenz als „schwach": Sie kann lediglich eng begrenzte, spezifische Aufgaben ausführen, wie zum Beispiel der Deep Blue Schachcomputer von IBM, das selbstfahrende Auto oder autonome Waffen. Zwar verhalten sich ihre Programme wie Menschen, aber sie können nicht denken wie Menschen. Deswegen wird mit Hochdruck an der Entwicklung von „allgemeiner" (starker) künstlicher Intelligenz gearbeitet. Diese Form künstlicher Intelligenz soll Menschen in fast allen kognitiven Aufgaben übertreffen, und wäre außerdem „intelligent" in dem Sinne, dass sie sich selbst neu programmieren und optimieren kann. Künstliche Intelligenz bedeutet einen Meilenstein in der menschlichen Evolution, die unser Leben in gleichem Maße transformieren könnte, wie dies durch Steinwerkzeuge oder die Nutzung von Elektrizität der Fall war.

3-SEKUNDEN-URSPRUNG
Künstliche Intelligenz ist ein Teilgebiet der Informatik, das Computer so programmiert, dass sie Aufgaben ausführen können, für die beim Menschen Intelligenz erforderlich ist: Lernen, Argumentieren, Problemlösung und Sprachverständnis.

3-MINUTEN-INFO
Im Jahre 2011 besiegte im amerikanischen Fernsehen der von IBM entwickelte Computer Watson in der Quiz-Show *Jeopardy!* zwei menschliche Gegner, die zuvor Rekordsummen gewonnen hatten. Watson leitete eine neue Generation von Technologie ein, die unstrukturierte Daten analysieren kann und natürliche Sprache versteht. Watson wird seither zur Analyse medizinischer Daten und zur Diagnose von Krankheiten eingesetzt.

VERWANDTE THEMEN
Siehe auch
ENTWICKLUNG DES GEHIRNS
Seite 16

GENTECHNIK
Seite 142

3-SEKUNDEN-BIOGRAFIE
ALAN TURING
1912–1954
Englischer Computerwissenschaftler und Mathematiker, gilt als Begründer der Computerwissenschaft und Künstlichen Intelligenz.

JOHN McCARTHY
1927–2011
Amerikanischer Computerwissenschaftler, prägte den Begriff „Künstliche Intelligenz" und spielte eine wichtige Rolle bei der Entwicklung von Programmiersprachen für Computer.

30-SEKUNDEN-TEXT
Djuke Veldhuis

Künstliche Intelligenz ist für den Menschen des 21. Jahrhunderts die wichtigste technologische Herausforderung.

ETHIK
30-Sekunden-Anthropologie

Vergleicht man die Auffassungen

zu Themen wie Selbstmord, Ehe, Zölibat, Erwachsensein, Sklaverei, Homosexualität, Kannibalismus, Mord oder Menschenopfer in verschiedenen menschlichen Gesellschaften, kann man nur schlussfolgern, dass es kein einheitliches, kulturübergreifendes ethisches System gibt. Edward Westermarck, einer der Begründer der anthropologischen Ethik im 20. Jahrhundert hat gezeigt, dass ethische Auffassungen weitgehend von ihrem jeweiligen lokalen Kontext geprägt werden. Dieser Ansatz, „Relativismus" genannt, ist heute zentraler Ausgangspunkt der Anthropologie. Um menschliches Verhalten und menschliche Kultur erforschen und verstehen zu können, sollten Anthropologen neutral sein und die eigenen subjektiven Urteile und Auffassungen relativieren. Dies demonstrierte zum Beispiel von Edward Evans-Pritchard in seinen Forschungen über Hexerei bei den Azande im Sudan. Er stellte sich die Frage: „Warum ist der Glaube an Hexerei für die Azande plausibel?" Seine Antwort lautete, dass der Glaube an Hexerei den lokalen Normen entspricht. Die Azande sind davon überzeugt, dass Unglücksfälle immer auf „Schadenzauber" zurückzuführen seien, der sich in Hexen offenbare, auch wenn die betreffende Person sich dessen nicht bewusst sei. Deshalb dürfen sie Hexen anklagen.

3-SEKUNDEN-URSPRUNG
Eine ethische Handlung ist eine moralisch einwandfreie Handlung, aber moralische Codes unterscheiden sich weltweit. Können wir also beurteilen, was richtig ist?

3-MINUTEN-INFO
Der Relativismus hilft uns, Handlungen, die uns als ungewöhnlich oder unethisch erscheinen, nicht sofort zu verurteilen. Dennoch bleibt es schwierig, Relativismus mit Universalismus zu versöhnen, egal ob aus wissenschaftlicher Perspektive oder im Rahmen der Entwicklung globaler Menschenrechte. Es entsteht also unvermeidlich eine intellektuelle Spannung dadurch, dass Anthropologen in manchen Kontexten gezwungen werden relativistisch zu denken, in anderen dagegen universal.

VERWANDTE THEMEN
Siehe auch
FRANZ BOAS
Seite 60

3-SEKUNDEN-BIOGRAFIE
EDWARD WESTERMARCK
1862–1939
Finnischer Ethnograph, arbeitete in Nordafrika. Lehrer von Bronislaw Malinowskis und Professor für Anthropologie an der London School of Economics.

30-SEKUNDEN-TEXT
David Shankland

Die Ethik formuliert die Moral, auf der wir unsere Menschenrechte basieren, obwohl es zwischen verschiedenen Kulturen große moralische Unterschiede gibt.

140 ● Moderne Völker

GENTECHNIK
30-Sekunden-Anthropologie

Dank bahnbrechender neuer Verfahren, die als Gentechnologie und Genom-Editing bezeichnet werden, ist es heute möglich, die menschliche DNA beliebig zu verändern, und zwar auf eine solche Weise, dass sie weiter vererbt wird. Das Genom-Editing verwendet sogenannte molekulare „Scheren" (bakterielle Enzyme), die mit großer Präzision Schnitte in der DNA anbringen, beschädigte Gene herausschneiden und gesunde Gene einfügen. Beim Zellkerntransfer wird das gesamte genetische Material eines befruchteten Eis oder eines Zellkerns herausgenommen und in ein unbefruchtetes Ei transferiert, dessen Zellkern vorher entfernt wurde. Mittels Genom-Editing lassen sich Krankheiten behandeln, die durch einen Fehler in einem einzigen Gen verursacht werden. Auf diese Weise lässt sich zum Beispiel bei der Mukoviszidose das beschädigte CFTR-Gen reparieren, wodurch sich Lungen- und Speiseröhrenfunktion verbessern. Das fehlerhafte Gen kann dann aber immer noch an die Nachkommen vererbt werden. Wird jedoch der ganze Zellkern transferiert – zum Beispiel wenn bei eine Frau mit kranken Mitochondrien der Zellkern des befruchteten Eis in die leere Eizelle einer gesunden Frau übertragen wird -, lassen sich genetische Abweichungen völlig beseitigen. Das Kind hat dann drei Eltern: 99,9 % seiner DNA kommen von seiner Mutter und seinem Vater, aber 0,1 % (die mitochondriale DNA) stammt vom weiblichen Donor. Das weibliche Kind vererbt diese genetische Veränderung an seine Nachkommen.

3-SEKUNDEN-URSPRUNG
Die Gentechnik ermöglicht die Behandlung bisher unheilbarer Krankheiten. Sie kann aber auch dazu führen, dass der Mensch sein genetisches Erbe unwiderruflich verändert.

3-MINUTEN-INFO
Die permanente Veränderung der menschlichen DNA stellt für manche ein ethisches Dilemma dar. Aber in nicht allen Kulturen ist das Phänomen, drei oder noch mehr Eltern zu besitzen problematisch. Anderen Konzepten von Verwandtschaft, Identität und Zugehörigkeit liegt zum Beispiel Wahlverwandtschaft oder die zeremonielle Bildung von Verwandtschaft zugrunde.

VERWANDTE THEMEN
Siehe auch
IDENTITÄT
Seite 116

VERWANDTSCHAFT
Seite 124

3-SEKUNDEN-BIOGRAFIE
SIR IAN WILMUT
1944–
Britischer Embryologe, leitete die Experimente, die 1996 zum ersten Klonen eines Säugetiers aus einer erwachsenen Zelle führten: Dolly das Schaf.

30-SEKUNDEN-TEXT
Charlotte Houldcroft

Menschen beschäftigen sich seit Zehntausenden von Jahren mit Gentechnik. Die Schaffung des Klon-Schafs Dolly ist lediglich eine technische Fortsetzung der Zucht von Hunden aus den Wölfen der Eiszeit.

26. Oktober 1959
Wird als zweites von sechs Kindern in North Adams, Massachusetts, geboren.

1982
Bachelor der Anthropologie an der Duke University in Durham, North Carolina.

1985
Baut mit einigen Kollegen ein kleines Krankenhaus – Clinique Bon Saveur – in einer der ärmsten Regionen Haitis.

1987
Gründet mit Ophelia Dahl, Todd McCornack und später Jim Yong Kim Partners in Health (PIH).

1990
Erhält sein Masterdiplom an der Harvard Medical School und einen Doktortitel der Harvard University. Lebt in Brigham und arbeitet im Women's Hospital, Boston.

1993
Die MacArthur Foundation verleiht Paul Farmer die Auszeichnung Genius. Den damit verbundenen Geldbetrag schenkt er der PIH.

2004
In *Pathologies of Power: Health, Human Rights and the New War on the Poor* betont er die Korrelation zwischen struktureller Gewalt, Ungleichheit und Leiden, Krankheit und Tod.

2009
Wird zum speziellen Abgesandten der Vereinten Nationen in Haiti ernannt.

2010
Ein Erdbeben der Stärke 7.0 erschüttert Port-au-Prince. Die PIH-Kliniken und Krankenhäuser bleiben zum größten Teil intakt und bieten sofortige Hilfe.

2014
Ausbruch der Ebola-Krankheit in Westafrika. Stützpunkte der PIH stellen 336 Betten für Notfallmedizin zur Verfügung und arbeiten eng mit den Kommunen zusammen. Auch nach der Epidemie unterstützen sie beim Aufbau und der Verbesserung des Gesundheitssystems in Sierra Leone.

PAUL FARMER

Paul Farmer besuchte Haiti zum ersten Mal im Alter von 23 Jahren, als er ein Doppelstudium in Medizin und medizinischer Anthropologie an der Harvard Medical School absolvierte. Im Laufe der Zeit wurde Haiti einer der ersten und wichtigsten Standpunkte für die Arbeit von Partners in Health, einer innovativen globalen Wohltätigkeitsorganisation, die Farmer 1987 gründete und die nach dem großen Erdbeben von 2010 in Port-au-Prince viel Lob erntete. Farmer arbeitete an der Schnittstelle von Anthropologie, Gesundheitswesen und Entwicklungshilfe, weil er davon überzeugt war, dass Gesundheit und soziale Gerechtigkeit untrennbar zusammengehören. Konkret bedeutete das für ihn eine enge Zusammenarbeit mit der lokalen Bevölkerung und gleichzeitig die Förderung strukturellen sozialen Wandels.

Farmers Herkunft hat seine Karriere als geistigen Vater der PIH in idealer Weise geprägt. Er verbrachte seine Kindheit mit fünf Geschwistern in einem umgebauten Schulbus und später in einem Hausboot an verschiedenen Orten im amerikanischen Süden. Dank dieser unkonventionellen Herkunft erhielt er ein Vollstipendium für die Duke University, wo er sich als hervorragender Anthropologe erwies. Die Lektüre der Werke des deutschen Physikers und Anthropologen Rudolf Virchow, des norwegischen Soziologen und Mathematikers Johan Galtung und des berühmten amerikanischen Bürgerrechtlers Martin Luther King stärkte ihn in seiner Überzeugung, dass die Entwicklung eines öffentlichen Gesundheitssystems mit der Schaffung sozialer Gerechtigkeit einhergehen muss. Für den jungen Farmer war die medizinische Unterstützung armer Haitianer also mehr als nur die Versorgung mit Arzneimitteln und die Ausbildung von Pflegern: Sie bedeutete auch die Offenlegung von Formen struktureller Gewalt und Ungleichheit. So arbeitete Farmer sowohl aus der Perspektive des Anthropologen als der des Arztes und Wissenschaftlers. Seine Selbstreflexion und Unterstützung mit der haitischen Bevölkerung war für Anthropologen in den neunziger Jahren zwar durchaus üblich, aber für Mediziner geradezu revolutionär.

Farmer gewann 1993 mit 34 Jahren eine MacArthur Genius-Auszeichnung und verlegte die Arbeit von PIH nach Westafrika (Ausbruch von Ebola), Peru, Russland und Boston (resistente Tuberkulose). Farmer ist Leiter der Fakultät für Weltgesundheit und Sozialmedizin an der Harvard Medical School und war spezieller Abgesandter des Generalsekretärs der Vereinten Nationen für lokale Gesundheitsvorsorge und Wiederaufbau nach der Katastrophe in Haiti.

Jason Danely

DAS ZEITALTER DES MENSCHEN

30-Sekunden-Anthropologie

Die menschliche Evolution wurde zu großen Teilen von Umweltbedingungen und globalen Klimaveränderungen geprägt. Heute jedoch hat sich die Kausalität umgekehrt: wir beeinflussen die Biodiversität der Erde. Wir erwärmen den Planeten und verursachen damit den Anstieg des Meeresspiegels und die Versäuerung der Ozeane. Das Ausmaß unseres ökologischen Fußabdrucks ist beispiellos. Deswegen haben Wissenschaftler für die Gegenwart ein neues geologisches Zeitalter vorgeschlagen: das „Zeitalter des Menschen" oder Anthropozän. Der genaue Beginn dieses Zeitalters ist noch unklar, aber man ist sich darüber einig, dass es beginnen soll, wenn sich die ersten Zeichen menschlicher Aktivität im Gestein zeigen. Erste Zeichen menschlicher Aktivität stammen aus dem 16. Jahrhundert. Eisproben aus dieser Zeit zeigen eine starke Abnahme von Kohlendioxid, die durch den Tod von Millionen von Ureinwohnern als Folge der europäischen Kolonisierung Amerikas verursacht wurde. Das verlassene Farmland wurde von der Natur überwachsen, was zu einem Rückgang des globalen Kohlendioxidanteils führte. Weitere „Fußabdrücke" werden seit Mitte des 20. Jahrhunderts durch die massenhafte Verwendung von Dünger, industrielle Fleischproduktion, die Verwendung fossiler Brennstoffe und radioaktive Niederschläge durch Atombomben verursacht. Sie hinterlassen dauerhafte Spuren im Sediment.

3-SEKUNDEN-URSPRUNG
Der Mensch ist der wichtigste Faktor, der die Erdoberfläche und das Klima auf Erden beeinflusst.

3-MINUTEN-INFO
Evolutionär erfolgreich sind Arten, denen es gelingt, sich den Herausforderungen einer veränderten Umwelt anzupassen: zum Beispiel Klimaveränderungen oder der Konfrontation mit Raubtieren. Wenn eine Art jedoch so erfolgreich wird, dass sie weltweit die Infrastruktur der Erde von der Tiefsee bis zur Ozonschicht verändert, können wir uns fragen, wie lang diese „erfolgreiche" Art noch überleben wird.

VERWANDTE THEMEN
Siehe auch
INDUSTRIE UND BERGBAU
Seite 64

DOMESTIZIERUNG
Seite 74

3-SEKUNDEN-BIOGRAFIE
RACHEL LOUISE CARSON
1907–1964
Amerikanische Meeresbiologin und Umweltschützerin. Mit ihrer Warnung vor den katastrophalen Folgen von Pestiziden gehört sie zu den Vorreitern der weltweiten Umweltschutzbewegung.

PAUL JOZEF CRUTZEN
1933–
Niederländischer Chemiker und Erforscher des Klimawandels. Gewann 1995 den Nobelpreis für Chemie für seine Forschung über das Ozonloch in der Erdatmosphäre.

30-SEKUNDEN-TEXT
Djuke Veldhuis

In den vergangenen 200.000 Jahren haben die Menschen die Lebenswelt der Erde entscheidend verändert, was Tausenden von Arten zum Schicksal wurde.

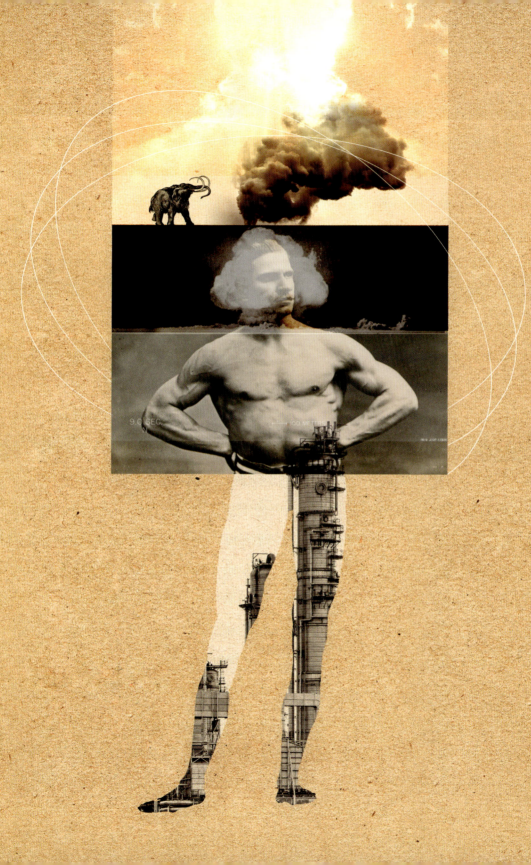

GLOBALISIERUNG

30-Sekunden-Anthropologie

Die Globalisierung hat sich in den letzten dreißig Jahren rasant entwickelt. Die verschiedenen Kulturen auf der Erde hatten zwar schon immer in gewissem Maß Kontakt miteinander, aber neu ist progressive Zunahme der Globalisierung, sowie die vielfältige Art, mit der wir jetzt alle miteinander verbunden und vernetzt sind. Die Globalisierung wird in zunehmendem Maße zu einem Thema der Anthropologie. Auffällige Phänomene in diesem Rahmen sind Migration, Massentourismus, globale Güter- und Kapitalströme, sowie der kulturelle Transfer zwischen Nationen oder Regionen. Die Anthropologen beschreiben die manchmal widersprüchlichen Effekte der Globalisierung mit dem Begriff *Glocalization* (*Globalization* und *Localization*). Glocalization führt zur Nivellierung der Weltbevölkerung und schafft eine fade einsprachige Einheitskultur (Konsumgüterkultur). Gleichzeitig bietet sie beispiellose Möglichkeiten für Gruppen – egal ob religiös, sprachlich, kulturell, professionell oder wie auch immer begründet –, sich weltweit zu finden, miteinander zu kommunizieren und sich gegenseitig schätzen zu lernen.

3-SEKUNDEN-URSPRUNG
Globalisierung bezieht sich auf den Prozess, dass die Welt durch die sich beschleunigende soziale und technische Vernetzung kleiner zu werden scheint.

3-MINUTEN-INFO
Durch die weltweite Globalisierung haben sich auch die Methoden und Interessen der Anthropologie geändert. Anthropologen arbeiten jetzt oft in mehreren Regionen, um bestimmte Probleme oder Phänomene in verschiedenen geographischen oder sozialen Bereichen untersuchen zu können. Auch das anthropologische Interesse hat sich verlagert: von Organisation und Verwandtschaft auf Politik, Ungleichheit und Transnationalismus.

VERWANDTE THEMEN
Siehe auch
VERWANDTSCHAFT
Seite 124

ETHNIZITÄT
Seite 134

DAS ZEITALTER DES MENSCHEN
Seite 146

3-SEKUNDEN-BIOGRAFIE
THEODORE LEVITT
1925–2006
Amerikanischer Wirtschaftswissenschaftler und Herausgeber der *Harvard Business Review*. Er wurde bekannt durch seine Definition des Begriffs Globalisierung als wirtschaftliches Konzept.

30-SEKUNDEN-TEXT
David Shankland

Globalisierung bedeutet, dass die Menschen weltweit – sowohl wirtschaftlich als auch kulturell – mehr geteilte Erfahrungen haben als je zuvor.

FORENSISCHE ANTHROPOLOGIE

30-Sekunden-Anthropologie

Die forensische Anthropologie entwickelt Verfahren und Methoden zur Identifikation von Menschen, meistens zu kriminologischen Zwecken. Durch die Ermittlung von Geschlecht, Alter, Größe und Herkunft von Überresten sollen die Identität unbekannter Verstorbener und – soweit möglich – die Ursache und der Verlauf ihres Todes festgestellt werden. Wenn die Überreste skelettiert oder von Tieren angefressen, bzw. verbrannt oder fragmentiert sind, erschwert dies eine positive Identifikation. Auch der massenhafte Tod ist oft eine Herausforderung für forensische Ermittlungen, weil Überreste oft stark fragmentiert sind. So war es sehr schwierig, die oft schwer verstümmelten Opfer des Tsunami von 2004, in dem mehr als 250.000 Menschen ums Leben kamen, zu identifizieren und sie ihren Familien zurückzugeben. Interpol unterscheidet drei Hauptquellen der Identifizierung: DNA, Fingerabdrücke und Gebiss. Wenn diese Verfahren nicht mehr benutzt werden können, kann die forensische Anthropologie helfen, die verborgene oder verloren gegangene Identität des Opfers zu enthüllen.

3-SEKUNDEN-URSPRUNG
Forensische Anthropologie ist die Identifikation eines Menschen oder seiner Überreste zu medizinisch-polizeilichen Zwecken.

3-MINUTEN-INFO
Anatomisch spezialisierte forensische Anthropologen helfen auch bei der Identifizierung lebender Menschen, oft anhand von Fotografien im Rahmen der Verfolgung von Kinderpornographie. Wird jemand elektronisch erfasst, versucht man durch anatomische Vergleiche ein Ebenbild zu finden oder verdächtigte Personen auszuschließen. Es werden zum Beispiel Narben, Sommersprossen, Muttermale, Strukturen von Venen auf der Haut usw. verglichen.

VERWANDTE THEMEN
Siehe auch
IDENTITÄT
Seite 116

3-SEKUNDEN-BIOGRAFIE
T. DALE STEWART
1901–1997
Amerikanischer Anthropologe, Begründer der forensischen Anthropologie. Leistete wichtige Beiträge zur Skelettbiologie.

RICHARD NEAVE
1936–
Britischer Experte für Gesichtsrekonstruktion anhand von Schädelknochen.

30-SEKUNDEN-TEXT
Sue Black

Forensische Anthropologen können aus dem Schädel einer verstorbenen Person eine expressive Gesichtsrekonstruktion herstellen und so bei der Identitätsfeststellung helfen.

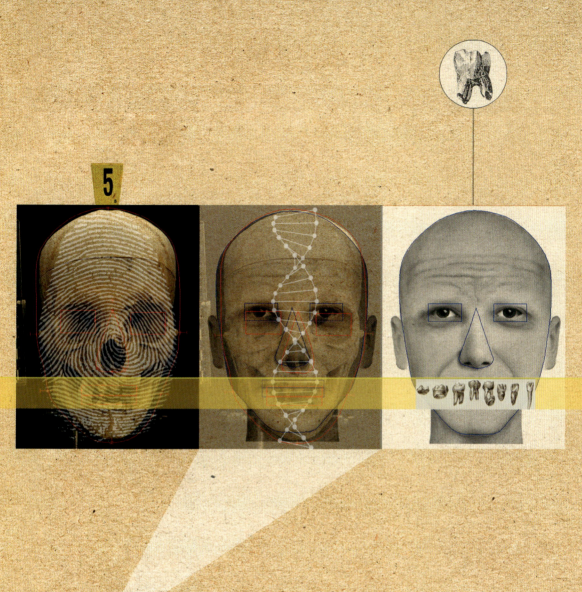

ANHÄNGE

QUELLEN

BÜCHER

50 Great Myths of Human Evolution: Understanding Misconceptions about Our Origins
John H. Relethford
(Wiley-Blackwell, 2017)

Anthropology: A Beginner's Guide
Joy Hendry und Simon Underdown
(Oneworld, 2013)

Anthropology: The Basics
Peter Metcalf
(Routledge, 2005)

The Artful Species: Aesthetics, Art and Evolution
Stephen Davies
(OUP, 2015)

The Artificial Ape: How Technology Changed the Course of Human Evolution
Timothy Taylor
(Palgrave Macmillan, 2010)

Catching Fire: How Cooking Made Us Human
Richard Wrangham
(Profile, 2010)

Chimpanzee Politics: Power and Sex among Apes
Frans de Waal
(John Hopkins University Press, 2007)

Human Evolution and Ancient DNA
Simon Underdown und Charlotte Houldcroft
(Routledge, 2018)

The Improbable Primate: How Water Shaped Human Evolution
Clive Finlayson
(Oxford University Press, 2016)

The Innocent Anthropologist: Notes from a Mud Hut
Nigel Barley
(Eland, 2011)

An Introduction to Social Anthropology: Sharing Our Worlds
Joy Hendry
(Palgrave, 2016)

Introductory Readings in Anthropology
Hillary Callan, Brian Street und Simon Underdown
(Berghahn Books, 2013)

Living in a Dangerous Climate: Climate Change and Human Evolution
Renee Hetherington
(Cambridge University Press, 2012)

Missing Links: In Search of Human Origins
John Reader
(OUP, 2011)

Neanderthal Man: In Search of Lost Genomes
Svante Pääbo
(Basic Books, 2015)

Social and Cultural Anthropology: A Very Short Introduction
John Monahan
(Oxford University Press, 2000)

The Story of the Human Body: Evolution, Health and Disease
Daniel Lieberman
(Penguin, 2014)

The Tale of the Axe: How the Neolithic Revolution Transformed Britain
David Miles
(Thames and Hudson, 2016)

What is Anthropology? Anthropology, Culture and Society
Thomas Hylland Eriksen
(Pluto Press, 2005)

WEBSITES

The Royal Anthropological Institute
https://www.therai.org.uk/

The Leakey Foundation
https://leakeyfoundation.org/

Sapiens – Everything Human
http://www.sapiens.org/

The Pitt Rivers Museum
https://www.prm.ox.ac.uk/

Urgeschichte von Lascaux-Dordogne, mit den weltweit schönsten Höhlenkunstwerken
http://www.lascaux-dordogne.com/en/Urgeschichte

The Neanderthal Museum
https://www.neanderthal.de/en/home.html

The British Museum
http://www.britishmuseum.org/

ZU DEN MITARBEITERN

HERAUSGEBER

Simon Underdown ist Senior Lecturer für Biologische Anthropologie an der Oxford Brookes University. Er war Vizepräsident des Royal Anthropological Institute und ist momentan Vorsitzender der Society for the Study of Human Biology und Professor an der School of Anthropology and Museum Ethography der Oxford University. Er schrieb Artikel zu aktuellen wissenschaftlichen Themen im *Guardian* und beteiligt sich regelmäßig an öffentlichen Diskussionen zu Fragen der menschlichen Evolution und Anthropologie.

AUTOREN

Russell Adams ist Anthropologischer Archäologe. Sein Forschungsgebiet ist die Entstehung komplexer Gesellschaften und früher Staaten, sowie die Entwicklung von Handwerk und Technologie in der Vorgeschichte. Er war SSHRC-Forschungsstipendiat an der McMaster-Universität in Ontario und lehrte an Universitäten in Großbritannien, Kanada und den USA.

Sue Black ist Direktorin des Centre for Anatomy and Human Identification sowie des Leverhulme Research Centre for Forensic Science der Universität von Dundee. Sie ist eine international führende anatomische Wissenschaftlerin und forensische Anthropologin. 2016 erhielt sie den Titel *Dame*.

Brad K. Blitz ist Professor für Internationale Politik an der Middlesex University, Gastprofessor am Institute of Global Affairs, London School of Economics und Senior Fellow am Global Migration Centre of the Graduate Institut in Genf. Einflussreich wurde sein *Migration and Freedom: Mobility, Citizenship and Exclusion* (Edward Elgar Publishing 2016).

Jason Danely ist leitender Dozent für Anthropologie an der Oxford Brookes University. Er untersuchte Rituale und Pflege in der alternden japanischen Gesellschaft und schrieb *Aging and Loss: Mourning and Maturity in Contemporary Japan* (Rutgers, 2014).

Ken Dark studierte Archäologie an den Universitäten von York und Cambridge und lehrte an Universitäten in Oxford, Cambridge und Reading. Er veröffentliche viele Bücher und wissenschaftliche Artikel und leitete Ausgrabungen und archäologischen Projekten in Großbritannien und dem Mittleren Osten. Er ist Mitglied der Society of Antiquaries of London, der Royal Historical Society und des Royal Institute of Anthropology.

Jan Freedman ist Kurator für Naturgeschichte am Plymouth City Museum and Art Gallery. Sein Forschungsgebiet ist das Verhältnis zwischen Tier und Mensch in der Eiszeit. Freedman erstellte einen Blog zur Tierwelt der Eiszeit: *Twilight Beasts*.

Charlotte Houldcroft studierte Humanwissenschaften an der Oxford University und promovierte in Molekularbiologie an der Cambridge University. Ihr Forschungsbereich sind Infektionskrankheiten bei Neandertalern und anderen frühen Vorfahren.

Marta Mirazón Lahr lehrt Entwicklungsbiologie und ist Direktorin des Duckworth Laboratory, Department of Archaeology and Antropologie der Universität Cambridge. Sie forscht über viele Aspekte menschlicher Evolution und verfasste *The Evolution of Modern Human Diversity* (Cambridge University Press, 1996).

Michael Bang Petersen ist Professor für Politikwissenschaft an der Universität Aarhus in Dänemark. Er forscht über politisches Verhalten aus evolutionärer Perspektive.

Joshua Pollard lehrt Archäologie an der Southampton University. Sein Forschungsinteresse gilt Materialbearbeitung, Landschaft und früher Monumentalität in der nordwesteuropäischen Vorgeschichte. Er leitete archäologische Ausgrabungen in Stonehenge and Avebury.

David Shankland ist Direktor des Royal Anthropological Institute und Honorarprofessor für Anthropologie am University College London. Er studierte in Edinburgh und Cambridge, wo er über sozialen Wandel, Politik und Religion in der Türkei promovierte. Anschließend war er stellvertretender Direktor des British Institute of Archaeology in Ankara, bevor er Dozent an der Universität in Wales Lampeter und anschließend an der Bristol University wurde.

Djuke Veldhuis ist Forschungsassistentin am Aarhus Institute of Advanced Studies (AIAS) der Universität Aarhus in Dänemark. Sie studierte an der Universität Cambridge, ihre Forschungsinteressen sind menschliches Verhalten, Gesundheit und Anthropologie.

INDEX

A
Aborigines 52, 90, 128
Affinität 92, 112, 124
Afrika 18, 20, 22, 24, 32, 34, 36, 38, 42, 44, 52, 57, 58, 72, 74, 122, 136, 140, 144
Agrikultur und Landwirtschaft 46, 50, 57, 68, 73, 74, 76, 97, 106, 146
Ägypten 62, 108
Amazonas, Stämme 36
Anthropozän 57, 146
Antisemitismus 61, 112, 121
Apex-Prädator 12, 20
Archäologie 7, 28, 56, 100, 112
Archäometallurgie 56, 62
Archäometrie 56, 62
Aristoteles 48, 116, 118
Armut 50
Art 6, 8, 12, 13, 14, 18 20, 22, 24, 27, 28, 32, 33, 34, 36, 38, 42, 44, 46, 48, 56, 97, 104, 112, 113, 118, 124, 126, 132, 134, 136, 146
Asien 24, 33, 34, 38, 44, 46, 58, 74, 150
Australien 52, 78, 90, 128
Azteken 32, 50, 72, 90

B
Bali 41, 103
Benedict, Ruth 40, 128
Bergbau 64
Berliner Mauer 96, 104
Biodiversität 132, 146
Biologische Anthropologie 7, 56, 61, 73, 92
Biometrik 112, 116
Biotechnologie 56
Blutsverwandtschaft 112
Boas, Franz 32, 36, 40, 41, 56, 60–1, 90, 120
Botanik 13, 74
Botswana 136
Brasilien 121
Bronzezeit 56, 62, 64, 96, 100

Buddhismus 46, 113, 114

C
Chalkolithikum 56, 62, 64, 118, 136
China 46, 106
  Shanghai 106
Christentum 46, 106
Clovis-Kultur 32, 50
Cook, James 52, 98, 92, 124, 136
Crick, Francis 12, 96, 103, 112, 124, 128

D
Darwin, Charles 28
Demenz 92
Denisova-Mensch 12, 22, 24, 28, 33
Deutschland 60, 61, 96
Dichte Beschreibungen 97, 103
Diversität 8, 34, 80, 90, 108
DNA 12, 14, 22, 28, 32, 33, 38, 72, 112, 116, 132, 133, 150
DNA alt 28
Dolly das Schaf 132, 133, 142
Dunbar, Robin 126

E
Egalitarismus 122
Empathie 80, 92
England 42
Erster Weltkrieg 48, 66, 79
Ethnizität 134
Ethnographie 32, 72, 84, 86, 98, 112, 114, 132
Europa 20, 24, 33, 34, 44, 56, 61, 73, 79, 96, 97, 98, 100, 133
Europäische Union 48, 106
Evans-Pritchard, Edward 79, 140
Evolution 7, 8, 72, 92, 104
Evolutionsbiologie 104
Evolutionspsychologie 72, 92

F
Farmer, Paul 144–5
Faschismus 48
Feldarbeit 79, 96, 112

Feminismus 32, 41
Feuer, Nutzung des 20, 22, 62
Fleming, Alexander 68
Forensik und forensische Anthropologie 133, 150
Fossilien 12, 13, 14, 22, 24, 26, 27, 33, 38, 112
Frankreich 18, 113, 120
Funktionalismus 79, 113, 122

G
Geertz, Clifford 84, 102–3, 122
Gehirn 6, 16, 24, 82, 118, 136
  Broca-Areal 12, 16
  Vorderhirn 112
  Soziales Gehirn Hypothese 126
Gender 41, 80, 124, 128, 134, 136
Genetik 7, 24, 28, 32, 34, 36, 38, 74, 98, 104, 112, 124
Genmanipulierte Nahrung 72, 74
Genom 12, 56, 132
Genus 12, 14, 32
Gentechnik 56, 68, 74, 132
Geologische Epochen 57
Geschenk-Austausch 92
Gewaltfreier Protest 46, 50
Glas 58
Gleichheit 133
Globalisierung 76, 104, 134, 148
Gorillas 12, 14, 34
Grammatik 72, 80
Grenzen 104, 108, 116, 118
Griechenland und Griechen 7, 16, 48, 76

H
Haiti 144, 145
Handel 64, 100
Hautfarbe 26, 44, 134
Heirat und Hochzeiten 86, 112,
Herodot 7
Hexerei 140
Hinduismus 46
Holismus/holistische Anthropologie 57, 61

Holocaust 48
Holozän 57, 66, 68
Hominini 12, 14, 20, 22, 24, 27, 28, 32, 38, 62, 97, 112
Homo erectus 13, 14, 16, 20, 32, 38, 48
Homo floresiensis 33, 38
Homo heidelbergensis 20
Homo sapiens 13, 14, 16, 18, 20, 22, 24, 27, 32, 33, 42, 48, 57, 62, 72, 112
Hoxne, Hoxne Handaxt 13, 18
Hrdy, Sarah Blaffer 92
Humanismus 32, 96, 103

I
Identitätspolitik 132
Indien 106, 122
Indigene Völker 33, 42, 52, 57, 96, 97, 112, 132
Indonesien 38, 103, 122
Industrie und Industrialisierung 64, 76
Inka 32, 50
Inuit 33, 36
Interpretive Drift 113, 114
Irak 57, 108
Islam 46
Israel 64, 74

J
Jäger und Sammler 73, 122
Japan 72, 80, 84, 113
  Hiroshima 46
  Kamikazepiloten 72, 84
  Samurai 72
  Tokio 106
Jordanien 56, 64, 108
Judaismus 46
Juden 60, 61, 112, 120, 121

K
Kanada 33, 60
Kenia 18, 27
Klimawandel 57, 146

Kolonialismus 44, 50, 52, 72, 90, 97
Kommunismus 96
Komplexe Gesellschaften 56, 62
Konstantinopel 76
Kooperation und Altruismus 73, 82
Krieg 41, 42, 46, 48, 50, 52, 72, 79, 84, 97, 103, 120, 121, 136
Kroeber, Alfred 61
Kulturelle Anthropologie 41, 56, 61
Kulturelle Evolution 8
Kulturelle Homogenisierung 42, 148
Kultureller Materialismus 96, 103
Kultureller Relativismus 32, 36, 56, 61
Kunst und Ästhetik 66, 90, 92, 114
Künstliche Intelligenz 138

L

Leakey, Louis 27, 42
Leakey, Mary 27, 42
Leakey, Meave 27
Leakey, Richard 24, 26–7, 42
Lévi-Strauss, Claude 113, 120–1
Linguistische Anthropologie 57, 61, 72, 80
Linguistische Relativität 72, 82
Linnésche Klassifizierung 13, 14, 32
London 24, 78, 100
Luhrmann, Tanya 114

M

Malinowski, Bronislaw 78–9, 140
Maori 36, 52, 66, 124, 140
Maya 33, 50
Mead, Margaret 40–1, 128
Medizinische Anthropologie 132
Melanin 33, 36, 44
Menschenaffen 12
Menschenrechte 44, 140, 144
Mesolithisches Zeitalter 72, 76
Mesopotamien 57, 62, 64, 76
Metalle und Metallurgie 57, 58, 62, 64, 66, 68
Mexiko 32, 50, 61, 72

Mittlerer Osten 46, 56, 57, 62, 64, 96, 97
Mittleres Paläolithikum 72
Migration 8, 104, 134, 148
"Mitochondriale Eva" 13, 28
Musikhochschule 74, 146

N

Nachkriegsimmigration 42 113
Naher Osten 58, 74
Nationalstaaten und Nationalismus 7, 44
Nationen und Nationalismus 34, 104, 108, 122, 133, 134
Native Americans (Amerikanische Ureinwohner) 32, 50, 82
Naturschutz 74, 146
Neandertaler 20, 22, 24, 28, 33, 38, 48, 72, 97
Neokortex 113, 126
Neolithische Revolution 74
Neolithisches Zeitalter 56, 57, 64, 76, 97, 100
Neuseeland 33, 52
New York City 24, 106, 120, 121
Niederlande 14, 98, 118, 136, 146
Nobelpreis Chemie 1995: Paul Crutzen 146

O

Omo 1 13, 24
Out of Africa-Hypothese 33, 38, 73
Ozonschicht 133, 146

P

Paläoanthropologie 13, 27, 33, 38
Paläolithisches Zeitalter 72, 73, 76, 82, 90
Papua-Neuguinea 40, 41, 52, 66, 78, 79, 82
Pestizide 74, 146
Pleistozän 57, 58, 72, 73
Polynesien 52, 98, 124
Population 74, 108, 136
Postkolonialismus 97, 103

Postmodernismus 113, 121
Primaten und Primatologie 6, 13, 73, 92, 113, 118, 126, 136
Psychologie 72
Psychologische Anthropologie 84, 113

R

Rasse und Rassismus 8, 34, 44, 61, 134, 136
Relativismus 133, 140
Religion 6, 34, 46, 86, 100, 103, 108, 114, 128, 134, 148
Ritual 46, 86, 103, 114, 128
Römisches Reich 48, 58, 76, 90, 100
Russland 145
 Sibirien 12, 22, 24, 50

S

Samoa 40, 41, 98
Samurai 72
Säugetiere 38, 92, 113, 136
Schimpansen 6, 14, 16, 34, 104, 48, 72, 84, 103, 120, 121
Sesshaftigkeit 73, 74
Sexismus 133
Sexualität 41
Sexuelle Befreiungsbewegung 41
Skelettbiologie 150
Sklaverei 34, 64, 100, 140
Smith, Adam 113
Soziale Anthropologie 7, 57, 73, 79, 90, 112, 113, 124, 133, 134
Soziale Medien 126, 133
Soziale Ordnung 86
Soziales Wissen 72
Soziologie 41, 86, 114, 134
Spanischer Kolonialismus 32, 50, 72
Sprachgebrauch 16, 22, 24, 57, 72, 80, 82
Sprachgemeinschaft 73, 80, 82
Städte und Urbanismus 74, 76, 100, Status und Rang 62, 80, 122

Steinwerkzeuge 12, 13, 18, 62, 72, 73
Strukturalismus 86, 113, 121, 122
Strukturfunktionalismus 113, 122
Südamerika 98, 121, 145
Sumer, Sumerische Zivilisation 57, 76
Symbolische Anthropologie 113, 122
Symbole 16, 84, 103, 122

T

Technologie 6, 8, 12, 16, 18, 27, 42, 56, 64, 74, 98, 116, 136, 138, 148, 146
Territorium 104, 108
Tiere 36, 74
Tokio 106
Töpferei 58
Tourismus 148
Transnationalismus 133, 148
Tuberkulose 132

U

Umweltbewusstsein 74, 146
Universalismus 133, 140
Unterarten und "Rasse" 34, 50, 60, 61, 68, 78 86, 102, 113, 144, 145

V

Verwandtschaft 124
Vietnam-Krieg 50, 103
Vitamin D 33, 36, 44

W

Watson, James 12
Werkzeugherstellung und Benutzung 6, 12, 13, 18, 20, 22, 24, 32, 38, 56, 62, 72, 73, 136, 138
Wikinger 100
Wirtschaftsmigration 97, 106
Wölfe und Hunde 74, 104, 142,
Wonderwerk-Höhle 20

Z

Zweiter Weltkrieg 41, 42, 46

DANKSAGUNG

Simon Underdown dankt Jemma Underdown für ihre große Hilfe und Joanna Bentley für Rat und Unterstützung.

Der Herausgeber dankt den folgenden Personen und Institutionen für ihre Zustimmung zur Wiedergabe der Abbildungen in diesem Buch.

Alamy/Avalon/World Pictures: 59; Zuma Press Inc: 144. Brooklyn Museum: 51, 51, 91. Clipart.com: 15, 17, 67, 75, 93, 143, 147, 151. Getty Images/Bettmann: 60; GraphicaArtis: 69; Print Collector: 129; Ulf Andersen: 120. Randall Hagadorn, Institute for Advanced Study: 102. Library of Congress, Washington DC: 8, 49, 69, 69, 77, 87, 107, 115. London School of Economics: 78. Los Angeles County Museum of Art, www.lacma.org: 63, 67. Metropolitan Museum of Art: 59, 63. Nationaal Archief/Anefo/ Rob Bogaerts: 26. National Gallery of Art, Washington: 89. New York Public Library: 37. Rijksmuseum: 101. Science Photo Library/Matteis/Look at Sciences: 151. Shutterstock/1989studio: 49; Adriana Iacob: 91; Alberto Loyo: 45; Alexandra Giese: 45; AlexAranda: 67; Alexey Boldin: 139; Andrey Burmakin: 117; Anna Hoychuk: 87; Anna Jurkovska: 101; Anton Ivanov: 105; Anton Watman: 141; ArCaLu: 45; BEGUN: 105; Beker: 29; bekulnis: 19; benkworks: 143; binik: 83: 105TR; boreala: 49; Brandon Alms: 151; BrAt82: 123; Buslik: 21; bymandesigns: cover; carlos castilla: 125; Chantal de Bruijne: 45; chippix: 35, 75, 123; Chones: 149; Cienpies Design: 135; corund: 89; Cranach: 139; DarkBird: 83; demidoff: 45; Dizain: 135; Dominique Landau: 53; donatas1205: 51; Donna Beeler: 123; Dream Master: 35; Dutourdumonde Photography: 21; dvande: 67; DW labs Incorporated: 17; eladora: 81; Elenamiv: 125; Elina Li: 115; Elzbieta Sekowska: 77, 147; Enrique Alaez Perez: 49, 91; Ev Thomas: 67; Everett - Art: 115; Everett Collection: 21, 119; Everett Historical: 43, 85, 105, 107, 137, 137, 147; Evgeniia Ozerkina: 119; Evgeniya Fashayan: 139; FenlioQ: 47; Finchen: 139; Fishman 64: 19; Focus no.5: 91; Fokin Oleg: 63; frescomovie: 125; frikota: 51; Funky BDG: 123; Gallinago_media: 105; Gencho Petkov: 17; Gerasimov_foto_174: 19; German Ariel Berra: 117; GOLFX: 91; green space: 85; gualtiero boffi: 117; Gyuszko-Photo: 49; Hein Nouwens: 21, 23, 83, 89, 127, 137, 139; Iakov Filimonov: 21; Iestyan: 117; Igor Zh: 115; ilolab: 21; iryna1: 117; Ivan Cholakov: 49; Ivonne Wierink: 67; Jag_cz: 23; Jana M: 37; Johan Swanepoel: 39; Jolygon: 17; joppo: 87; Joshua Haviv: 77; jps: 23; JVrublevskaya: 65; kak2s: 143; karbunar: 122; Kevin L Chesson: 117; Khomkrit Songsiriwith: 115; kkays2: 149; Kokoulina: 19; komkrit Preechachanwate: 15, 125C; Kues: 89; Labetskiy Alexandr: 117; Lienhard.Illustrator: 39; LiliGraphie: 87; Liu zishan: 139, 149; Lynea: 17, 69, 89, 129, 129; Mad Dog: 151; maga: 141; Maisei Raman: 129; Maksim Shmeljov: 149; MarcelClemens: 109; Margaret M Stewart: 81; Marsan: 137; Marzolino: 37, 51, 69, 99, 119; Matteo Chinellato: 29; Maxim Gaigul: 139; Melanie Ruhnke: 53; melis: 117; Melissa Madia: 85; Michael: 101; Mikhail Pogosov: 37; MilousSK: 85; Monkey Business Images: 149; Moolkum: 93; Morphart Creation: 17, 19, 59, 89; natixa: 37; Neale Cousland: 53; Nerthuz: 137; nikiteev_konstantin: 115; Nixx Photography: 143; Okawa Photo: 75; oksana2010: 85; Oleg Golovnev: 117; Oleg Znamenskiy: 45; Oleksandr Molotkovych: 39; Olga Rom: 115; Only background: 115; Orlok: 109; Ortodox: 75; Ozerina Anna: 127; Pack-Shot: 49; Patrick Rolands: 119; Paul Picone: 101; photocell: 149; photofriday: 149; Physicx: 129; Picsfive: 125; piyaphong: 93; pockygallery: 17; PomInOz: 53; Potapov Alexander: 21; Pritha Photography: 109T; PsychoShadow: 141; ravl: 100; Rawpixel.com: 25, 135; Renata Sedmakova: 7R; Robbi: 15; Roman Nerud: 123, 123; run4it: 15; Sadik Gulec: 109; SantiPhotoSS: 115; schankz: 119; Sean Pavone: 107; Seita: 109; Sergey Kohl: 19; Sergey Le: 65; Sergiy Zavgorodny: 37; siloto: cover; somersault1824: 39; steve estvanik: 43; stockcreations: 29; stockyimages: 127; Super Prin: 129; Suphatthra China: 29; Susan Law Cain: 89; Suwin: 19, 147; svetara: 51; Tamara Kulikova: 123; thebigland: 77; Theeradech Sanin: 15; Tim UR: 29; toeytoey: 143; Toluk: 143T [BG]; TonTonic: 77; trancedrumer: 147; Triff: 69; vaalaa: 77; Vadim Petrakov: 51; Vector Tradition SM: 141; Vladimir Zhoga: 81; Vladystock: 139; vvoe: 65; whiteisthecolor: 135; Whitevector: 119; Will Rodrigues: 81; williampark: 151; wimammoth: 47; Wolf Avni: 45; wongwean: 147; Woodhouse: 81; xpixel: 29, 125B; Chee: 6; yurchello108: 35; Zelenskaya: 65; Zoltan Gabor: 83; ZoranKrstic: 107; ZynatiszJay: 139. Smithsonian Institution: 40. Walters Art Museum: 91, 91. Wellcome Library, London: 47,89, 99, 151. Wikimedia Commons/Cicero Moraes: 15; Claude Truong-Ngoc: 67; Daderot: 51; Geographicus: 99; Gesamt: 15; Guérin Nicolas: 19; Klaus D. Peter, Wiehl, Deutschland: 49; Rameessos: 49; Tasman: 99. Yale University Art Gallery: 101.

Es wurde alles unternommen, um die Inhaber der Rechte zu ermitteln und ihre Zustimmung zur Verwendung des entsprechenden Materials zu erhalten. Der Herausgeber entschuldigt sich für eventuelle Fehler oder Unterlassungen in der obigen Liste und ist gerne bereit, nach Benachrichtigung entsprechende Korrekturen in zukünftigen Auflagen vorzunehmen.